# LE
# SECRET DES CATACOMBES

## OUVRAGES DU MÊME AUTEUR

Souvenirs d'un médecin de Paris, 1 vol. in-18 ...... 3 fr.
L'an 5865 ou Paris dans 4,000 ans, 1 vol. in-18...... 3 »
Paris avant le déluge, 1 vol. in-18 .............. 3 »
Simon le Magicien, 1 vol. in-18 ................ 3 »
Les amours d'un Tribun, 1 vol. in-18 ......,...... 3 »
Des associations et des Corporations en France, 2e
    édition, 1 vol. in-8° .............................. 2 »
Un Lion aux bains de Vichy, en collaboration avec
    Touchard Lafosse, 2 vol. in-8° épuisés..........
Le portefaix, avec une introduction par Touchard
    Lafosse, 2 vol. in-8° épuisés....................

En préparation:

L'héritage du docteur.

Imprimerie générale de Châtillon-sur-Seine, Jeanne Robert.

# LE SECRET

### DES

# CATACOMBES

### PAR

## H. METTAIS

Auteur de *Souvenirs d'un Médecin de Paris, L'an 5865,* etc.

## PARIS

### E. DENTU, ÉDITEUR

LIBRAIRE DE LA SOCIÉTÉ DES GENS DE LETTRES

PALAIS-ROYAL, 17 ET 19, GALERIE D'ORLÉANS

1877

# LE
# SECRET DES CATACOMBES

---

## 1

### LE MOULIN JANSÉNISTE

Ceux qui ne connaissent Paris que de nos jours se feront difficilement une idée de ce qu'il était autrefois. Paris aujourd'hui est un grand seigneur ; ses maisons sont des palais. Il est riche, brillant, magnifique ; il est gros, il étouffe dans sa ceinture de murailles dorées.

Mais autrefois Paris n'était guère qu'un bon bourgeois qui vivait modestement et laborieusement dans sa boutique ou dans son petit appartement. Peut-être était-il plus riche ; peut-être était-il plus heureux aussi. S'il était gros, il était loin d'étouffer dans sa ceinture, car, bien avant d'arriver aux grilles des barrières, les rues habitées disparaissaient pour livrer la place à d'immenses terrains vagues ou à de vastes jardins maraîchers entourés des haies vives de la grande morelle. La solitude était même là si complète, que l'honnête homme ne s'y aventurait, le soir, qu'en tremblant.

Au delà des portes de la ville, l'aspect n'était pas plus animé. On se trouvait, tout à coup, comme en pleine Beauce, au milieu des blés et des prairies. De ci et de là pourtant apparaissaient quelques rares habitations, et parmi elles, des guinguettes surtout. Les francs restaurants, qui pullulent de nos jours, y étaient presque un mythe ; et, il faut le dire à la louange de nos pères, ils suffisaient grandement au besoin de tous.

C'est qu'alors aussi on prenait la vie d'un point plus modeste que de nos jours. Le dîner du restaurant n'était qu'un luxe que l'on se permettait rarement ; qu'une douce nécessité que l'on subissait parfois pour faire les noces et les repas de corps, qui ne pouvaient trouver que là des salons suffisamment vastes.

En l'année 1819, et même bien plus tard, car je l'ai vu, il y avait encore, à quelques centaines de pas de la barrière du Montparnasse, un de ces vieux et célèbres établissements. La maison, assez coquette pour le temps, offrait une de ses faces, revêtue de gais contrevents verts, au sentier de Vanves, comme on disait alors ; l'autre face regardait le chemin pavé du Maine, qui n'est autre que la belle chaussée du même nom, au travers de ses bosquets de lilas et de ses hauts marronniers. Une balustrade en bois peint de vert, montée sur un petit mur d'appui, protégeait la maison de tous côtés, en lui donnant l'air confortable d'une villa bourgeoise de bon goût.

Au centre de ses terrains, un moulin *tournant, moulant, travaillant et faisant de blé farine*, au dire des vieilles chroniques, indiquait que le maître de céans cumulait les professions de meunier et de restaurateur, comme le disait du reste, un cordon de plâtre bien blanchi, bien aligné, formant ceinture à la maison, et sur lequel on lisait : *Au Moulin janséniste, Lhoyez meunier, marchand de vin restaurateur, fait les noces et repas de corps.*

Comme à peu près toutes les célébrités, celle du Moulin janséniste a eu son époque végétative, sa période d'accroissement, puis enfin son auréole de gloire, et aussi malheureusement, son jour de décadence.

En l'année 1650, il existait sous le nom de

*Moulin des trois cornets*, de la dénomination du terroir sur lequel il était assis : seulement là où plus tard on fit chère lie, on ne voyait encore que des galetas d'un aspect singulièrement primitif, des écuries, des granges et des greniers. Pendant que le moulin tournait au gré du vent, les vaches seules ruminaient là où plus tard de grands personnages vinrent manger et rêver à l'aise, loin du bruit des grandeurs.

Le moulin était, en ce temps-là, corvéable des moines de Sainte-Geneviève, et paroissien de l'église Saint-Etienne-du-Mont. Mais, quoique bon catholique, il osa ouvrir un jour ses portes et ses jardins aux sévères disciples de Jansénius. Pascal, Arnauld, de Sacy, Racine y allèrent souvent rêver dans ses prairies, et boire en tête-à-tête le lait savoureux que leur versait volontiers le fondateur de la dynastie des Lhoyez, du moins le premier Lhoyez connu.

Ce rendez-vous privilégié des hommes influents de la nouvelle secte fut un commencement de fortune pour le *Moulin des trois cornets*, car tous leurs coreligionnaires y allèrent à leur suite de tous les points de Paris. A leur suite aussi cette si célèbre pension de jeunes gens, que les savants de Port-Royal avaient installée dans le faubourg Saint-Jacques, dirigea de préférence ses promenades vers le débonnaire moulin.

Pourtant, et on le devine sans peine, ils n'y allaient pas demander, comme leurs maîtres et leurs protecteurs, un lieu solitaire pour rêver en silence, mais des vastes prairies pour jouer plus à l'aise, et un peu de lait pour se rafraîchir. Un peu plus tard même, la hardiesse de l'habitude aidant, les plus égrillards prièrent le père Lhoyez de leur servir quelques gouttes de vin ; puis, quelque temps après, de leur dresser quelques mauvaises planches, en guise de table, sous les bosquets de lilas, pour se reposer et se désaltérer plus commodément.

De ce jour, le *Moulin des trois cornets* devint un cabaret, le cabaret des pensionnaires de Port-Royal, qui prirent définitivement possession de lui sous le sous-seing privé de l'un d'eux qui, pour obéir à un mot de bonne humeur de l'illustre Racine, écrivit avec un fragment de charbon sur le plâtre du moulin : *Au Moulin des jansénistes.*

L'inscription plut ; elle fit fortune. Le cabaretier la grava sur le devant de sa maison dont il ouvrit dès lors les portes à tous. La maison aussi se fit de plus en plus coquette ; elle multiplia et embellit ses tables, ses jardins, ses chambres ; elle grandit enfin tant et tant, qu'elle devint un jour un beau et splendide restaurant, le rendez-vous de la bonne société de la ville.

Mais en l'année 1819, à l'époque dont nous parlons, la maison du Moulin janséniste commençait à décliner de ses plus beaux jours de gloire, malgré tous les soins et tout le zèle du troisième des Lhoyez. La foule y allait bien encore, mais c'était la foule bourgeoise, viveuse et ouvrière. Les savants, les philosophes et les politiques n'y allaient plus. L'envieuse concurrence lui arrachait bribe par bribe sa vieille renommée et ses profits, pour les transporter sur les ailes de la mode en d'autres endroits.

Aussi, le propriétaire du restaurant s'aperçut-il alors que son père avait trop largement bâti, et qu'un coin sur les jardins, dans le fond des cours, pouvait être avantageusement distrait de l'exploitation commerciale, en l'affectant à la location privée. Mais louer ce petit coin, ce petit groupe de chambres mal assorties, à qui ? Il ne pouvait sourire qu'à quelque misanthrope ennuyé du bruit du monde, et cherchant un réduit obscur pour y vivre et mourir en paix. Mais les misanthropes ne sont pas des locataires bien communs.

Vers la fin de l'année 1819, cependant, le

petit coin obscur était habité. Sa porte s'ouvrait rarement ; pourtant elle s'ouvrait deux ou trois fois le jour, pour laisser entrer et sortir un jeune homme et un vieillard.

Le jeune homme était vif, pétulant, à la figure ouverte et souriante, un peu froissée toutefois par quelque inquiétude de fraîche date évidemment. Il avait peu de barbe, et sa barbe était disseminée sur toute la figure. Elle était blonde, comme ses cheveux, d'un blond cendré de gracieuse nuance. Ce jeune homme n'avait pas vingt ans encore.

Le vieillard, lui... était-ce bien un vieillard ? Comme celle de son fils, sa barbe était à pleine figure, mais d'un gris à peu près blanc : elle était vivace et remplie de séve encore. Ses cheveux fort épais étaient longs et blancs. Sa figure était pâle, mais non ridée ; les traits en étaient irréguliers et tiraillés d'un côté, comme s'il y avait eu là l'horrible travail de l'apoplexie. Sa démarche était lente et pénible d'un côté du corps. Ce vieillard avait quarante-quatre ans.

Or, un soir du mois de juillet de cette année, un homme tenant une lettre à la main, frappa respectueusement du doigt sur la porte du petit logement, puis prêta l'oreille pour écouter s'il ne viendrait pas du dedans une voix qui l'inviterait à tourner la clef qui restait avec confiance dans la serrure. Mais on ne répondit pas : le visiteur entra pourtant. Il attendit un instant dans la pièce où il se trouva ; puis, n'entendant aucun bruit, il frappa du doigt encore sur la porte d'une autre chambre, qu'il ouvrit aussitôt.

La chambre n'était pas déserte. Un homme enveloppé d'une houppelande brune qui le couvrait de la tête aux pieds, était assis devant une petite table logée dans l'embrasure de la croisée et toute chargée de feuilles de papier remplies d'une écriture hiéroglyphique, qu'il relisait attentivement, en corrigeant parfois, mais il ne tourna pas la tête.

— Asseyez-vous, monsieur, dit-il sévèrement au nouveau venu, sans le regarder ; j'ai à vous parler d'affaires sérieuses.

— A moi, monsieur Muller ? répondit le visiteur.

— Ah ! pardon : c'est vous, monsieur Lhoyez ? dit en se retournant M. Muller, qui ramassa en même temps avec beaucoup de soin ses feuilles éparses. Je croyais que c'était mon fils.

— Je vous apporte une lettre qu'on vient de me remettre à l'instant pour vous.

— Elle est donc bien pressée pour qu'on

l'apporte si tard?... Neuf heures et demie! s'écria M. Muller en regardant sa pendule. Ah! et mon fils, mon fils qui ne rentre pas!... Vous permettez, monsieur Lhoyez, dit-il en décachetant la lettre qu'il lut tout d'un trait... Eh bien, mais cette lettre, savez-vous ce qu'elle contient? dit-il en la jetant sur la table. Vous savez que j'ai assez près d'ici une petite maisonnette.

— Fort jolie et fort bien habitée, je crois : son rapport est sûr.

— A peu près, mais, en tout cas, petit, deux mille francs, quand tout est loué. C'est le pain sur la planche, si quelque accident imprévu ne vient pas troubler mes calculs. Elle m'a coûté trente-quatre mille francs, et me dévore bon an mal an, six cents francs, jamais moins, quelquefois plus, en impôts, réparations et frais de toutes sortes.

— C'est beaucoup.

— Pour un homme juste, oui : mais le fisc et les locataires ne diront jamais cela... Voici donc ce que veut cette lettre : elle est d'un locataire qui est entré dans ma maison au mois d'avril dernier, ne m'a point encore payé le terme de sa location échu le premier juillet, et nous sommes au quinze...

— Oh! il n'a pas d'amour-propre, pour ne

1.

pas s'acquitter plus vite d'un premier engagement.

— Et qui demande à quitter de suite son logement.

— Sans avoir donné congé au temps légal ?

— Sans avoir donné congé.

— Pour affaires graves donc ?

— Non.

— Et sans payer le terme commencé ?

— Oh ! il ne dit pas cela : il le paiera avec un billet à ordre, si je veux.

— Et qu'a-t-il pour répondre de son billet ?

— Rien... que sa parole dont je ne suis pas sûr.

— Et le terme échu ?...

— Il le paiera en partant.

— Chansons que tout cela ! je n'accepterais pas, moi.

— Eh bien, monsieur, je suis de votre avis, car votre avis est juste : je n'accepterai pas... Mais asseyez-vous donc, monsieur Lhoyez, et consolez-moi, ajouta M. Muller en poussant un grand soupir et regardant l'impitoyable aiguille de la pendule, qui tournait toujours, consolez-moi, car je suis bien dans l'affliction.

— Pourquoi ? Pour cette sotte prétention

de votre locataire ! dit en haussant les épaules
M. Lhoyez.

— Oh ! non, répondit M. Muller, cette sottise-
là est déjà oubliée ; mais je suis bien affligé de
la conduite de mon fils.

— Votre fils ! un jeune homme si charmant !

— Oh ! je le sais : mais il rentre tard, bien
tard depuis quelque temps. Il me paraît inquiet,
préoccupé, et il ne me dit rien de ses préoccupations.

— Oh ! les jeunes gens, vous savez, monsieur
Muller, peuvent bien rentrer quelquefois tard,
sans manquer aux devoirs de l'honnêteté.

— Jamais Félix n'a eu de secret pour moi.
Je l'ai élevé dans ce principe qu'un jeune
homme qui aime bien son père, doit traiter son
père en ami, et le laisser lire à livre ouvert dans
son cœur. Pauvre sot que j'étais ! j'ai toujours
désiré un fils pour hériter de mon nom, pour
hériter de ma modeste fortune, cette fortune
que j'ai amassée sou sur sou. Je voulais un fils
pour le rendre heureux de mes sueurs, de mes
peines ; un fils, qui fût une jouissance pour moi,
un talisman qui me soutînt dans mes labeurs ;
je voulais un fils pour continuer l'œuvre de mes
rêves. Eh bien, monsieur Lhoyez, je vous le dis
ce soir : heureux ceux qui n'ont pas de fils !

— Et moi qui me trouve si à plaindre de ne point avoir de fils, monsieur Muller ! Héritier de ce moulin, de cette ferme, de ce restaurant, j'ai tout embelli. Ces jardins, je les ai dessinés avec un indicible plaisir ; ces vieux bâtiments, je les ai récrépis, agrandis, rajeunis, et pourquoi faire ? Pour qu'ils soient dépecés peut être un jour, vendus aux enchères, et à qui ? Ah ! si j'avais un fils, monsieur Muller, ce que j'ai commencé là, mon fils le continuerait ; cet héritage de famille ne sortirait pas de ma famille, et j'en serais heureux, car je me sentirais immortel dans mon fils.

— Oui, oui, monsieur Lhoyez, tout cela est du bon sentiment... Mais mon fils, mon fils, répéta M. Muller en regardant toujours la pendule !...

— Savez-vous bien, monsieur Muller, continua M. Lhoyez en ne quittant point le fil de ses idées, malgré l'exclamation de son locataire, savez-vous bien que cette maison est une des plus vieilles des environs de Paris ? Mon père n'a jamais pu savoir qui l'a bâtie. Ceux qui l'ont achetée en 1650 demandaient déjà à leurs vendeurs de leur fournir les vieux titres de la propriété. Peut-être... ah ! on a fait les suppositions les plus étranges sur son ancienneté mais

je vous en ferai grâce. Je vous dirai seulement
qu'il y a plus de cent ans qu'elle est entrée
dans notre famille, où elle est de père en fils.
Une grande consolation de mon père était de
penser qu'il y mourrait ; qu'il mourrait ici où
son père est mort, ici où, pensait-il, son fils
vivrait et mourrait aussi. Oui, je suis né et j'ai
toujours vécu ici, monsieur Muller : j'y mour-
rai, je le crois du moins, mais après? Je n'ai
point de fils, moi, pour me rendre les devoirs
que j'ai rendus à mon père. Pauvre père,
comme il était heureux, lorsque, assis dans son
grand fauteuil, là, à votre porte où le soleil est
si bienfaisant pour les vieillards, dans les premiers jours du printemps, il me voyait, les yeux
fixes et la bouche béante, écoutant ses histoires
du passé ! Personne ne sera là pour écouter les
miennes, lorsque je serai vieux, et, le père
mort, il n'y aura plus ici que des étrangers.

Une larme scintilla au bord des paupières
de M. Lhoyez qui l'essuya bien vite pour sourire d'aise en continuant ses rêves et ses souvenirs.

— Ah ! c'est que mon père, ajouta-t-il aussitôt, avait vu bien des choses, et il avait si bonne
mémoire ! Tous ces grands hommes dont on
parle tant aujourd'hui, il les avait vus ici, dans

son moulin, dans sa ferme, ou dans son restaurant. Ici, dans cette chambre où vous êtes, Voltaire...

— Voltaire ?... dit M. Muller qui redevint
attentif aux paroles de son interlocuteur, qu'il
trouvait depuis quelque temps déjà un peu trop
longuement confidentielles.

— Voltaire et Jean-Jacques ont bu la petite
chopinette ensemble ici, dit en riant M. Lhoyez.

— Voltaire ! l'aristocrate Voltaire ! s'écria
M. Muller ; lui, qui ne portait que des per-
ruques à la royale, que des habits brodés, des
culottes de soie ! lui, qui se faisait continuellement rouler dans de splendides carrosses ! lui,
dont le palais n'était habitué qu'à déguster les
vins les plus fins ! lui...

— Eh bien, oui, lui, lui... Voltaire et Jean-
Jacques Rousseau sont venus ici ; ils ont bu
ici, répondit M. Lhoyez en accentuant ses mots.
Mon père me l'a conté cent fois.

— Mais enfin, Voltaire et Jean-Jacques ont
été de mortels ennemis.

— Oh ! pas toujours probablement, et puis,
peut-être plus dans leurs écrits que dans leur
conduite. Vous savez que M. de Voltaire habitait souvent Chatenai. Le chemin qui le con-
duisait à Chatenai est là, c'est le chemin pavé

de la chaussée du Maine. Or, il paraît, mon père
l'a vu et me l'a dit, il paraît que Jean-Jacques,
qui venait quelquefois boire du lait ici, se
promenait un beau jour de printemps sur cette
chaussée avec sa bonne vieille Thérèse, lorsqu'un carrosse vint à passer, regagnant la barrière. Rousseau regarda et vit à la portière du
carrosse une tête bien connue sans doute. Ins-
tinctivement il porta la main à son chapeau,
puis la baissa tout doucement, comme s'il eût
été honteux de ce mouvement irréfléchi qu'il
ne devait pas faire, mais trop tard. Le carrosse
s'était arrêté, la portière s'était ouverte, et un
riche monsieur, grand, maigre, à la figure ridée, au dos un peu voûté, en descendit aussitôt,
et vint lui serrer la main. C'était M. de
Voltaire.

Une longue conversation s'engagea entre eux.
Rousseau écoutait plus qu'il ne parlait; mais
Voltaire paraissait animé et se démenait comme
un beau diable. Peut-être faisait-il des protes-
tations d'amitié.

Le carrosse attendit sur la chaussée. Les deux
amis, causant et marchant toujours, se trouvèrent bientôt devant notre moulin, où ils en-
trèrent sans façon, et tout droit comme chez
eux, et là, là, dans cette chambre où nous

sommes en ce moment, mon père leur servit la petite chopinette.

— Ah ! c'est étrange, dit M. Muller d'un ton distrait, en regardant la pendule.

— Bah ! non, monsieur ; ça s'est vu plus d'une fois du moins. Loin du monde on ne trouve jamais qu'on déroge. Mais pardon, monsieur Muller, je vous dérange par mon bavardage. Aussi, vous parlerai-je de Marat une autre fois.

Au nom de Marat, M. Muller se redressa vivement comme s'il se fût senti piqué, et regarda fixement M. Lhoyez dont la figure placide le rassura.

— Que dites-vous donc là, monsieur Lhoyez ? répondit M. Muller. Quand on parle de Voltaire et de Rousseau, on n'ennuie jamais. La plus mince historiette de la vie de ces hommes n'est déplacée nulle part. Ce n'est pas cela qui m'ennuie, mais... Qui est-là ? s'écria M. Muller en tournant la tête du côté de la porte d'entrée, comme s'il pouvait voir au travers. Voyez donc, je vous prie, monsieur Lhoyez.

M. Lhoyez ouvrit la porte de la chambre, ce qui permit à M. Muller d'entendre la voix de son fils qui lui cria : c'est moi, père ! pendant que M. Lhoyez, faisant sa révérence, s'esquivait pour ne pas gêner ses locataires dans l'explication qu'ils allaient sans doute avoir ensemble. Mais M. Muller le retint.

— Permettez, monsieur Lhoyez, lui dit-il avec un sentiment de curiosité plein d'angoisse, vous avez dit que le docteur Marat...

— Eh bien, se hâta de dire M. Lhoyez, en revenant sur ses pas, satisfait de l'interpellation, je voulais vous dire que le docteur Marat, comme vous l'appelez, est venu dîner ici, en l'année 1775, avec un homme qui a laissé de bien tristes souvenirs dans notre grande révolution : c'était Fouquier-Tinville. C'est moi qui servis ces messieurs ici, dans cette petite chambre où avaient bu Voltaire et Jean-Jacques. J'étais jeune, j'avais dix ans à peine, et j'écoutais volontiers. Marat d'ailleurs ne se gêna pas devant moi. Je ne compris pas toute l'importance de la conversation. Mais mon père, auquel je la rapportai, la comprit bien.

Il paraît que Fouquier-Tinville était un haut employé de la police. Comme Marat le savait gourmand, il l'avait conduit à notre restaurant pour mieux traiter son affaire avec lui.

Or, cette affaire était que Marat avait eu deux enfants, deux jumeaux, un garçon et une fille, non point avec madame Simonne Evrard, sa femme, comme on dit, mais avec une autre. Enfin, il paraît que quelqu'un, qui avait des droits sur ces enfants-là, avait enlevé le petit garçon, et si bien caché, qu'on ne savait ce qu'il était devenu.

Ce fut afin de le savoir que Marat traita chez nous Fouquier-Tinville. C'est égal, ajouta M. Lhoyez, je suis content de savoir que Marat a eu des enfants, parce que ça me prouve qu'il y avait encore quelque sensibilité dans son âme (1).

— Merci de votre bonne causerie, monsieur Lhoyez, dit tout à coup M. Muller, en se levant et serrant d'une main émue la main de son propriétaire qu'il conduisit jusqu'à la porte de sa chambre.

Puis, se tournant vers son fils dont la figure lui parut toute bouleversée :

— Enfin, c'est vous, monsieur ! lui dit-il sévèrement. Félix, ajouta-t-il d'un ton plus doux, après avoir considéré silencieusement pendant quelques instants le maintien gêné de son fils, Félix, je ne veux pas te faire des reproches. Si tu fais mal, je crois que ta cons-

----

1. L'a-propos de cette anecdote et l'émotion qu'elle causa à M. Muller ne seront bien compris que par ceux qui ont lu mon livre : *Les amours d'un tribun.*

cience te le dira plus haut que moi ; mais j'ai
des avis à te donner : ton âge en a besoin. Depuis quinze jours au moins tu te déranges de
tes habitudes, sans m'en rien dire, mais je le
vois. Tu rentres tard, plus tard que tu n'as jamais fait. Tu n'es plus un enfant, tu as plus de
dix-neuf ans ; ta raison d'ailleurs est celle d'un
homme mûr. Je ne veux donc point te blâmer.
Mais jusqu'à présent j'ai toujours su de toi tes
plaisirs, tes peines, et même tes fautes : pourquoi te tais-tu maintenant ?... Tu veux me répondre, je le vois : non, tais-toi ! tu me répon-
dras demain, après demain, dans huit jours, si
tu le veux, mais réponds-moi avec franchise,
et après avoir bien réfléchi. Je craindrais que
ce soir ta réponse ne fût pas complète ; et si
mon fils mentait, j'en mourrais de honte. Bonsoir, Félix !

Et le vieillard ferma doucement la porte de
sa chambre. Il s'assit de nouveau devant sa petite table, relut et corrigea ce qu'il avait écrit sur
ses feuilles volantes, tandis que Félix, retiré
dans sa chambre et enseveli dans son lit, parut
s'endormir d'un profond sommeil, sans songer
peut-être aux confidences qu'il devait à son
père.

## UNE TEMPÊTE DANS UN VERRE D'EAU

Félix se leva le lendemain plus tôt que de coutume, et vint timidement entre-bâiller la porte de la chambre de son père, pour lui souhaiter le bonjour. M. Muller tendit la main à son fils, en lui souriant gracieusement. Il était levé depuis longtemps déjà ; peut-être ne s'était-il pas couché de la nuit, car sa figure était plus fatiguée que d'habitude, et sa blancheur mate et atone était labourée de sillons jaunâtres évidemment creusés par des flots de pensées tempêtueuses. Ses yeux seuls étaient pleins de vie et d'ardeur ; ils brillaient comme les rayons du soleil au travers d'un nuage orageux. Sa grande toilette des beaux jours était faite avec toute la coquetterie d'un heureux.

Il était évident que M. Muller avait préparé une solennité à son fils. Sur sa petite table de travail gisaient toujours les feuilles hiéroglyphiques, et sur elles un petit papier enveloppant quelque chose que l'on ne voyait pas, mais qui se trahissait par quelques taches de graisse, d'apparence à laisser deviner une tresse de cheveux.

Le père indiqua du doigt un siége à son fils, et lui fit signe de s'y asseoir.

— Mon ami, lui dit-il, il est temps de nous expliquer ensemble. Voilà que tu deviens un homme, et en cette qualité la société va bientôt t'inviter à venir t'asseoir à son banquet. C'est bien, car, de mon côté, je sens que je m'affaisse de plus en plus vers la terre, et que j'ai besoin d'un homme pour continuer mon œuvre.

— Mon père ! dit avec effusion le fils inquiet.

— Ce n'est pas pour toucher la fibre sensible de ton cœur que je te montre à mes pieds le trou fatal vers lequel nous courons tous, mais, tu le sais, une première attaque d'apoplexie m'a mis dans le pitoyable état où tu me vois, marchant avec peine sur un membre à demi paralysé, et me servant comme un petit enfant d'un bras que le mal a saisi. Qui sait ce que fera de moi une seconde attaque ? Quand viendra-t-elle ? je n'en sais rien : mais je voudrais vivre longtemps encore, car je vois que ma tâche n'est pas même commencée, et pourtant il faut qu'elle se fasse. Je veux vivre en toi, dans ton sang, dans ta chair, dans ton âme. Ecoute-moi donc, Félix !

Lorsque j'étais jeune comme toi, mon ami, quelqu'un me demanda lequel j'estimais le plus de ces deux hommes qu'on appelle, l'un, l'homme des beaux-arts, l'autre, l'ouvrier.

Ma réponse fut ce que fut la tienne, lorsque je te fis la même demande il y a quelques années. Je répondis que j'estimais avant tout l'homme des beaux-arts. Mais bientôt l'expérience me vint, et je vis que je m'étais trompé : je vis que l'homme le plus heureux était l'ouvrier. Pourtant je n'ai pas voulu t'imposer ma conviction, rappelle-le toi bien, Félix. Je t'ai conduit sur les bords de la mer, et je t'ai dit : choisis le navire qui te plaît pour faire le périlleux voyage de la vie.

Je t'ai fait donner alors l'éducation que tu désirais, comme si j'eusse été riche, et Dieu soit loué ! tu as si bien travaillé et si bien réussi, qu'à dix-neuf ans tu étais un habile chimiste. Mais aussi, je le reconnais à ta louange, pour obéir à mes désirs, qui étaient aussi sacrés que les tiens, tu t'es fait cette humble fourmi qu'on appelle l'ouvrier.

Jean-Jacques Rousseau m'avait donné ce conseil, et quand il ne l'eût point donné, je l'eusse deviné seul, car il est bon, selon moi, qu'un homme sache se servir de ses mains pour traverser cette terre si abondamment semée de précipices. Qui sait jamais, mon ami, ce que l'avenir nous réserve? Le guerrier qui part pour le combat, un bon fusil sur l'épaule, ne néglige pas de suspendre à ses côtés le sabre protecteur. Si le fusil manque, le sabre est là. Si jamais la misère ou l'infortune frappe à la porte du savant, l'ouvrier pourra peut-être ouvrir la sienne au pauvre proscrit, te dis-je alors.

Tu choisis encore à ton aise, et t'installas dans l'atelier d'un tourneur en bois.

Eh bien, maintenant que tu es un homme, que tu peux avec habileté et conscience marcher dans l'une ou l'autre voie, je te dis une dernière fois : Mon ami, choisis, mais travaille. Car le jeune homme qui se repose avant d'avoir travaillé est un lâche.

M. Muller se leva alors, tendit la main à son fils, et le quitta.

Félix, plus heureux qu'il ne l'avait espéré, serra la main de son père avec toute la reconnaissance d'un homme sorti d'un mauvais pas sans encombre, et partit de son côté sans rien répondre.

— Félix est diantrement préoccupé, dit à part lui M. Muller en suivant des yeux son fils... de quoi? ajouta-t-il : je n'en sais en vérité, rien. Attendons, il me le dira un jour, j'en suis sûr.

En ce moment un petit homme apparut tout à coup dans la cour, et cria de loin avec une voix pleine d'entrain : Bonjour, monsieur Muller !

— Ah ! c'est vous, monsieur Pillot, répondit M. Muller en regardant le nouvel arrivant.

— Avez-vous reçu ma lettre hier au soir? demanda le petit homme.

— Je l'ai reçue.

— Eh bien, qu'en dites-vous ? Je viens chercher la réponse.

— Ma réponse est tout entière dans nos engagements réciproques. A quelles conditions avez-vous loué un appartement chez moi, monsieur?

— Alors vous me refusez.

— C'est vous qui vous vous êtes lié les mains, comme moi je me suis lié les miennes.

— J'aurais cru cependant...

— Vous auriez cru quoi, monsieur? que nous étions des enfants, et que comme des enfants nous contractions pour rire. N'ai-je pas, moi, rempli toutes mes conventions avec vous?

— Si monsieur, répondit Pillot bien sèchement.

— Eh bien, monsieur, sachez donc que depuis bien longtemps connaissant parfaitement non pas vous, mais le monde, détestant singulièrement non pas vous, mais le monde, j'ai étudié mes droits et mes devoirs, et que j'ai juré de tenir rigoureusement aux uns, et d'obéir strictement aux autres. Et je crois, sans me vanter, que toute la sagesse est là.

— C'est bien, monsieur... Au revoir, monsieur ! riposta vivement le petit bonhomme, en tournant sur ses talons d'un air menaçant qui fit gémir M. Muller, en le replongeant dans un abîme de souvenirs et de réflexions incroyables pour une si minime affaire.

— Ah ! vous êtes bien dur, monsieur ! s'écria Pillot, en se retournant vers M. Muller, car enfin je manque d'argent.

— Il fallait donc le dire ! J'accepte alors vos billets, mais seulement pour la moitié du terme courant, répondit M. Muller : je ne suis pas assez riche pour risquer plus.

— Eh bien, soit, monsieur ! je déménagerai demain.

Le petit bonhomme, en effet, déménagea le lendemain, mais en payant les deux termes de sa location, tout ce qu'il devait, sans aucune récrimination. Il demanda seulement la faveur de sous-louer, puis donna ses ordres en conséquence. Il paraissait calme, il était presque souriant : son adieu fut amical.

Il afficha son logement.

Mais son affiche invita longtemps et inutilement les passants à l'en débarrasser. Ce ne fut qu'à la mi-septembre qu'il fut sérieusement demandé, et ce ne fut que plus tard encore qu'il fut enfin loué sous la réserve toutefois des droits du locataire et titulaire absent, supposé qu'il voulût faire valoir des droits expirant dans quelques jours.

Lorsque Piilot sut son logement occupé, il se rappela sans peine la théorie de M. Muller sur le droit. Il vint donc, se présenta sans prévenir, et, trouvant la clef sur la porte de son logis d'autrefois, il entra sans plus de façon que s'il fût entré chez lui, mais au grand ébahissement des nouveaux occupants, qui ne se montrèrent pas aussi polis qu'on doit l'être avec l'homme auquel on doit.

Décliner ses titres alors et réclamer ses droits, eût été simple et juste : le petit homme

ne le fit pas. Il revint chez lui, en ruminant une
vengeance ridicule, mais qui pouvait réussir en
faussant un peu les faits. Il écrivit donc à
M. Muller :

« Monsieur, ayant acquit la preuve par moi-
» même que mon logement est occuper, je vous
» pris de vouloir bien me remettre la diférance
» à raison de cinquante-deux frans cinquante
» par terme que je vous ai payé et dont j'ai
» quitance. D'après votre manier d'agir je vous
» prévient que j'attendrai jusqu'à dimanche
» heur de midi après je ferai les démarches né-
» cessaire, car vous avez du savoire que je suis
» allez chez moi mercredi derniere d'après cette
» visite où j'ai été très-mal resu, j'attendai de
» vous une letre vous voyé qu'avant de me
» fâché j'y ai mis de la complesance, il est donc
» bien entendu que je n'attendrai plus si di-
» manche vous ne me donné pas satisfaction. »

— Satisfaction ! et de quoi ? s'écria M. Muller.
Il a affiché son logement, son logement est loué,
et loué à son bénéfice, que me veut-il donc à
moi ? Ce qu'il veut, le misérable ! je le vois bien.
Ce n'est plus lui qui a affiché sans doute, ce
n'est plus lui qui a loué, mais moi. C'est moi
qui lui ai pris sa propriété, qui l'ai volé : je suis
un escroc. Oh ! l'infâme ! mais il calomnie, les

preuves sont là. Sa ruse est ignoble et trop visible. Moi un escroc! moi dont la vie est sans tache, dont le front n'a jamais rougi devant les souvenirs de ma conscience!... Ah! ah! ah! s'écria M. Muller en riant d'un rire saccadé et plein de haine, je suis pur, moi, et lui?... lui, ajouta-t-il avec plus de réflexion, lui, il menace, et il aura peut-être raison devant... devant qui donc? que va-t-il faire, l'insolent?

Une tempête effroyable s'était élevée dans l'âme du pauvre reclus et plissait horriblement son front. Cet homme, si calme depuis longtemps, était le jouet d'un petit coup de vent qui l'abattait comme une feuille morte.

A sotte lettre pas de réponse! dit-il après un instant de réflexion.

Et la lettre fut mise sous enveloppe et renvoyée à son auteur. Mais un voile tomba dès cet instant des yeux de M. Muller. Il lui sembla voir tous les inquisiteurs de la justice le tenaillant à l'envi dans leurs sombres souterrains.

— Ce petit homme est un misérable, s'écriat-il avec angoisse; il ne reculera devant rien, parce qu'il veut une vengeance à tout prix. A tout prix!... Oui, mais la justice!... Ah! la justice, reprit-il, est toujours la justice, comme la religion est toujours la religion, et Dieu toujours Dieu ; mais les prêtres sont des hommes, et les juges ont envoyé au bagne ou à l'échafaud bien des innocents qui sans doute avaient des preuves aussi pour eux.

Imposant alors silence à la voix de son droit, M. Muller fit prier le locataire qui avait si malencontreusement et si innocemment aussi, il faut en convenir, jeté au milieu de cette petite affaire, la pomme de discorde, de vouloir bien acquitter de suite le prix des quelques jours de sa location, qu'exigeait Pillot.

Le locataire se présenta, en effet, dès le lendemain, chez M. Pillot. M. Pillot était absent, et sa femme refusa de recevoir. Mais elle promit que son mari irait lui-même terminer à l'amiable cette minime affaire. Il ne vint pas ; ce qui vint à sa place fut une assignation judiciaire à l'adresse de M. Muller.

Le pauvre infirme sourit de mépris, et ne dit mot. Mais, joignant le prix du timbre et du griffonnage judiciaires au prix de la location, il l'adressa au petit suppôt de la chicane.

Il était trop tard : les prétentions de M. Pillot avaient démesurément grandi. Ce petit morceau de chair fraîche ne suffisait plus au petit ogre en appétit, qui exigeait de plus une indemnité.

2.

A cette nouvelle, M. Muller croisa les bras, baissa la tête, et dit : Il est écrit que je n'aurai point la paix ici-bas. Eh bien, advienne que pourra ! qui sait si Dieu ne conduira pas à bien cette fois mon frêle esquif au travers des écueils de la justice ?

Félix cependant dévidait comme d'habitude la facile trame de sa vie. Trop préoccupé de ses affaires intimes pour remarquer le trouble que la taquinerie de Pillot avait produit dans le limpide ruisseau auprès duquel il vivait, il attendait sans impatience que l'inspiration lui vînt, ou que la nécessité se dressât devant lui, pour expliquer ses espérances et ses craintes à son père. Ses absences journalières ne discontinuaient pas, et le temps marchait toujours.

Le mois d'octobre arriva ainsi. Un soir, la nuit était sombre depuis longtemps déjà; le pauvre père était debout, une main appuyée sur le dos d'une chaise, l'autre embrassant son front. Il était immobile, les yeux fixés sur la porte d'entrée de son logis. Il attendait son fils avec une impatience fiévreuse. Cet homme qui avait conquis le calme apparent du stoïcisme, semblait vaincu. Ses pensées couraient échevelées sur le champ de bataille de la haine.

Le bruit d'un pas bien connu se fit entendre

en ce moment au dehors. Le visage de M. Muller s'épanouit alors, un large sourire parcourut ses lèvres ; puis, comme se réveillant tout à coup, il regarda avec ébahissement autour de lui et se hâta de s'asseoir dans son fauteuil. Ce n'était plus le même homme.

Félix entra.

— Félix, cria le pauvre père d'une voix un peu saccadée et pleine encore d'un reste d'émotion, viens !... Eh bien, c'est fini ?

— Quoi donc, père ? répondit Félix dont le corps était là, mais dont l'âme paraissait butiner des pensées ailleurs... Ah ! oui, c'est vrai, reprit-il, en redescendant dans la réalité où était son père ; c'était aujourd'hui : eh bien ?

— Eh bien, *il* avait raison, et moi j'avais tort. Je suis un escroc, et *lui*, un honnête homme. Il était dans son droit, il paraît.

— Mais, mon père...

— Mon père, mon père ! puisque je te dis que je suis condamné, que je suis un escroc, que j'ai volé l'honnête Pillot.

— Mais les preuves ?

— Ah ! les preuves, les preuves ! l'homme des impérissables principes de 89, le juge, en a trouvé des preuves, tout seul, non dans la justice, mais dans sa vengeance... oui, dans sa vengeance ! Félix, s'écria tout à coup le jeune vieillard, en se levant et jetant des regards de tigre dans le vague de sa chambre, si je n'étais pas si vieux, ou plutôt si infirme, je ne te demanderais rien: mais comme il faut pourtant en finir avec cette ignoble tyrannie sociale, jure-moi donc!...

La tempête se calma tout à coup : cette main courroucée, qui se tendait vers la porte pour menacer une société qui riait d'elle de l'autre côté, s'abaissa. Les yeux de M. Muller s'humectèrent non pas de larmes, mais d'une rosée bienfaisante qui leur ôta toute leur sécheresse corrosive.

— Ne jurons rien dans la colère, reprit-il, parce que l'on nous accuserait d'injustice et de cruauté. Demain... à demain, mon ami et bonsoir! Bonne nuit, Félix ! Ne sors pas demain sans me dire bonjour.

# III

## LE SERMENT D'ANNIBAL

Le lendemain, Félix entra dès le matin, tout souriant, dans la chambre de son père. Il espérait dérider, par cette apparence de bonne humeur, le front soucieux de M. Muller.

M. Muller l'attendait ; il était prêt à sortir.

— Partons ! dit-il à son fils.

— Où allons-nous donc, père ? répondit le jeune homme avec un petit air dégagé qui était loin de refléter l'intérieur de son âme.

— A notre maison de Montrouge. Tu la connais à peine. J'ai quelque chose à t'y faire voir : partons !

Félix passa son bras sous celui de son père, et ils partirent ensemble. Mais il était évident qu'il eût préféré diriger ses pas d'un autre côté.

ien qu'il ne connut guère sa propriété de Montrouge, que M. Muller n'avait achetée que depuis quelques années seulement, il n'éprouvait aucunement le besoin de la visiter. Il n'y avait là, pour lui, qu'un petit filon d'or, qui n'avait d'autre attrait que celui d'un agréable produit, quand l'époque de la récolte était venue.

La maison de M. Muller était située sur le grand chemin pavé de la chaussée du Maine, en retraite dans les champs. On y arrivait par un chemin d'impasse. Elle était propre, un peu coquette même; mais elle était petite : elle n'avait que deux étages. Une cour la fermait par derrière et la faisait communiquer avec la campagne par une porte qui s'ouvrait sur un sentier perdu. Cette cour était petite, peu aérée, triste : la moitié était occupée par un hangar qui n'était au service que de M. Muller seul.

C'était par cette cour qu'il entrait autrefois dans sa maison, au temps où ses affaires l'y appelaient tous les jours. Ce fut par là qu'il se présenta encore cette fois avec son fils. Mais depuis longtemps déjà la porte des champs n'avait point été ouverte : aussi, la serrure eut-elle peine à jouer sous les efforts réitérés du propriétaire, et la porte roula difficilement sur ses gonds rouillés.

Il en fut de même pour le hangar qui était clos et fermé également à clef, quoiqu'il fût vide.

Il n'offrait assurément rien qui pût tenter la cupidité, mais il pouvait tenter la curiosité ; car dans un de ses coins les plus obscurs il présentait un renflement de maçonnerie singulier de forme, percé d'une porte massive qui donnait, sinon du jour, du moins de l'air à l'intérieur, par un carré de trous artistement alignés dans ses flancs. C'était l'entrée d'une cave, d'une cave vide comme le hangar.

Cet aspect parut peu sourire à Félix, qui se disait mentalement et tristement : où allons-nous ? Aussi, se hâtait-il peu de descendre, lorsque son père était déjà au bas des degrés, allumant une bougie qu'il tira de ses poches.

— Mais où donc allons-nous ? dit enfin tout haut Félix, en descendant décidément les degrés de la cave qu'il se prit à inspecter d'un œil curieux, et qu'il vit nue.

— Ferme la porte et ôte la clef ! dit M. Muller à demi-voix, comme s'il eût craint d'être entendu.

— Bon ! dit Félix avec gaieté et en se hâtant d'obéir à son père : on dirait que vous avez lu les romans de madame Radcliffe, et que vous voulez m'en donner ici une nouvelle édition.

— On le dirait, murmura M. Muller, en souriant d'un sourire qui parut étrange à la lueur de sa bougie, et se baissant pour soulever une trappe qu'il saisit par un anneau de fer.

Un trou noir, la gueule béante d'un puits, parut alors, laissant échapper une odeur nauséabonde et humide qui fit reculer d'un pas Félix, qui regarda son père avec étonnement.

— Tu l'as dit, mon ami, dit alors M. Muller en riant de la stupeur de son fils, nous sommes en plein roman ; mais n'aie pas peur, et suis-moi ! Ce puits n'a pas d'eau ; il ne conduit pas non plus aux oubliettes. C'est tout simplement un puits de champignonnière, ou, si tu le veux, un soupirail des catacombes où je désire descendre aujourd'hui avec toi. Le chemin est peu agréable, je l'avoue, mais il est sûr. L'espace est peu large, tant mieux ! Nous descendrons plus à l'aise, le dos appuyé le long des parois du puits, les mains et les pieds portés sur cette échelle que tu peux voir. Suis-moi, Félix !

M. Muller descendit alors avec une aisance parfaite pour un infirme, tenant sa bougie d'une main. Son fils le suivit avec un entrain et une curiosité faciles à comprendre.

Le voyage ne fut pas long : arrivé sur les derniers échelons de l'échelle, Félix sauta gaiement et poussa un cri d'étonnement, en allant

poser son bras sous celui de son père qui le
regardait avec hébétude.

— Mais qu'est-ce donc que tout cela, père ?
s'écria le jeune homme.

— Parlons bas, mon fils, dit doucement
M. Muller, car les murs ont des oreilles, et ici
ils peuvent avoir des yeux, ajouta-t-il en quittant le bras de son fils pour aller examiner avec
soin le carrefour souterrain où ils se trouvaient,
et qui n'était fermé que par une muraille de
pierres sèches, son œuvre à lui peut-être.

Félix cependant restait en extase devant un
spectacle qui effectivement était étrange, car il
avait devant lui tout l'attirail d'un laboratoire de
chimie. Des cornues, des creusets, des alambics,
un fourneau, étaient là, usés, rongés par le feu
et l'humidité, et couverts de toiles d'araignée.

— Mais, mon père, dit Félix à M. Muller
qui, après son inspection, revenait vers lui, nous
ne sommes pourtant plus au temps où les alchimistes se cachaient dans les entrailles de la terre,
pour travailler au grand œuvre : qu'est-ce donc
que tout cela ?

— C'est mon laboratoire d'autrefois, mon
ami ; c'est l'officine où j'ai tant travaillé après
le retour de mon exil, où j'ai appris à fabriquer
si bien, je puis le dire, si économiquement

surtout, les produits chimiques, où j'ai puisé enfin la science que je t'ai donnée et qui pourra t'enrichir un jour, si tu le veux.

— Mais pourquoi travailler ici? Pourquoi cacher ici des expériences qui sont connues de tous?

— De tous! c'est une erreur, mon ami. Personne ne sait manipuler la chimie comme moi ; personne ne sait comme moi produire beaucoup avec peu ; personne n'a su trouver encore dans la chimie ce que moi j'y ai trouvé. J'avais des secrets, et je les ai enfouis ici, et tu les trouveras là, là, dit M. Muller en frappant de la main sur un rouleau de papiers qu'il tira de sa poche, et qui n'étaient autres que ces feuilles d'une écriture hiéroglyphique, qu'il corrigeait lors de la visite de M. Lhoyez. Félix, ajouta M. Muller, n'as-tu point oublié l'alphabet hiéroglyphique que je t'ai enseigné?

— Non, père, je ne l'ai point oublié, répondit le jeune homme.

— C'est bien : il te servira probablement un jour, lorsque la raison et l'expérience t'auront appris que le travail est le pain et la vie de l'homme, lorsque surtout terrassé, déchiré par les griffes du démon social, tu sentiras ta faiblesse, en voulant regimber contre lui.

Le front de M. Muller se rembrunit horriblement à ces mots. Il était évident que de profondes pensées labouraient son âme, et que la tranquillité, qu'il montrait depuis quelques instants,
n'était qu'une trêve avec ses soucis habituels.

Aussi, Félix ne fut-il pas étonné de le voir
revenir tout à coup sur la scène de la veille. Mais
il ne comprit pas de suite quelle connexité il
pouvait y avoir entre cette scène et le voyage
aux catacombes.

— Tu sais, mon ami, dit M. Muller d'une
voix aigre-douce, en s'asseyant sur les bords du
fourneau alchimique, tu sais la flétrissure qu'on
a voulu m'infliger hier dans l'affaire Pillot.

— Oui, mais le fer a glissé sur votre épaule,
je crois qu'il n'a marqué que la main du juge
qui a voulu vous flétrir.

— C'est vrai : pourtant j'ai senti la chaleur
de ce fer d'ignominie.

— Oh! que vous fait à vous, mon père, l'o-
pinion d'un homme? Votre conscience est forte,
rien ne la troublera.

— Non, rien! Aussi, ne suis-je point ému de
l'opinion d'un homme, lorsque j'ai la justice
pour moi.

— Vous avez raison, mon père, de ne point
vous tourmenter d'une si piètre sottise. Laissons

donc alors au repos de l'oubli cette sentence qui voulait vous étouffer entre deux portes.

— Pauvre enfant, tu ne m'entends pas. Je te répète que je ne m'affecte aucunement du dire d'un homme, lorsque ma conscience juge autrement. Cette voix-là n'est pour moi qu'un airain sonore que je n'admets pas dans les concerts de la justice. Mais cette voix a réveillé dans mon âme une corde que je croyais brisée, la corde de la vengeance, de cette lyre harmonieuse que j'avais suspendue aux branches des saules pleureurs qui bordent le fleuve de l'oubli. La vengeance! Oh! ce n'est pas pour moi cette vendette implacable, injuste, aveugle, qui frappe sans entendre ; ce n'est pas cette main brutale qui brise sans pitié la main qui nous a nui sans le vouloir, ou qui tue, comme un bravo caché sous les buissons du bord des chemins.

Cet homme qui m'a jugé, entends-le bien, Félix, c'est un misérable qu'il faut punir, s'il a jugé méchamment ou légèrement ; c'est une bouche à bâillonner, s'il a jugé dans l'ignorance. Mais je ne lui en veux pas, à lui ; je n'en veux qu'aux passions qui l'ont inspiré, au monde qui a poussé ce bouledogue contre moi... et je veux être vengé des passions, des préjugés, et du monde. Jure-moi donc alors... Oh! si j'étais jeune, si du moins je n'étais pas abattu sur le grand chemin de la vie par l'orage des souffrances et de la maladie, je ne demanderais rien à personne. J'irais moi-même, la faux à la main, moissonner, pour les jeter au feu, ces mauvaises herbes qui nous étouffent. Jure donc haine et vengeance.....

— Sur qui? répondit Félix en interrompant son père d'une douce voix qui cherchait à rasséréner la figure sévère de M. Muller, sur le monde? Oh! en vérité, vous lui faites bien trop d'honneur que de tant vous occuper de lui. Voyez, moi — pardon, si je me présente comme un modèle, c'est que je me trouve bien de ma conduite — eh bien, pour moi le monde n'est qu'un bazar de friperie : j'y prends l'habit qui va à ma taille, et je laisse les autres sans plus de vergogne que s'ils n'existaient pas.

— Crois-tu que ce soit pour cela que Dieu t'a jeté sur la terre, philosophe de l'oubli? riposta sévèrement M. Muller.

— Je ne crois pas pourtant, mon père, répliqua Félix en souriant, que Dieu m'ait jeté sur la terre comme un tigre dans une bande de loups, pour y mordre et dévorer, mais bien plutôt comme un agneau au milieu des agneaux, pour bêler innocemment et à l'unisson, jusqu'à mon dernier jour.

— Et si l'on ne veut pas que tu bêles?

— Ah! dame!

— Et si l'on ne veut pas que tu broutes l'herbe des champs, que tu te désaltères au clair ruisseau, et si... et si... et si tu te sens des griffes pour te défendre, de longues dents pour mordre, et pour protéger ce que Dieu t'a donné, ton droit à la pâture... à la justice enfin!

— Mon droit à la condamnation de Pillot, dit Félix, en sautant au cou de son père, qu'il embrassa avec toute l'effusion et la pétulance d'un bon fils, qui voudrait adoucir une observation pénible, et rappeler par ses caresses la joie sur un visage aimé.

— Tu ne me comprends pas, Félix, répondit M. Muller avec une douce tristesse, parce que tu ne vois dans le monde qu'un vaste bazar de vieux habits, où tu choisis tranquillement ce qui te convient, ou un troupeau d'innocents agneaux avec lesquels, tu peux bêler tout à ton aise. Eh bien, va! A toi l'avenir alors! Mais dans cet avenir, ne l'oublie pas, car je te le dis, tu verras la désolation de la désolation écraser ta pensée; dans cet avenir tu connaîtras l'ennemi contre lequel je voudrais te rendre invulnéra-

ble, en te plongeant dans le Styx. Tu crieras
vengeance alors ; mais tu seras vieux, infirme,
et tu ne pourras plus combattre. Enfant, enfant,
crois-moi donc quand je te dis que Rome est
mon ennemie, que Rome sera ton ennemie, à
toi ; qu'elle enverra toutes ses passions comme
une armée contre toi, et qu'elle t'écrasera ! Enfant jure donc haine à mort à Rome... au
monde, veux-je dire ! Jure sur ma tête ! jure
sur la tête de ta mère, sur ses cheveux ! ajouta
M. Muller d'une voix sourde, en montrant à son
fils une jolie tresse de cheveux blonds, soyeux
comme ceux de Félix.

— Ma mère ! s'écria le jeune homme en dé-
vorant des yeux la gracieuse tresse de cheveux,
qui était là. Oh ! vous ne m'avez jamais parlé
de ma mère.

Et il se mit à genoux pour baiser les cheveux
de sa mère.

— Qu'elle devait être belle ! ajouta Félix en
se relevant. Y a-t-il longtemps qu'elle n'est plus,
cette pauvre mère ? dit-il en tournant vers son
père ses yeux remplis de larmes.

Un regard foudroyant de haine fut toute la
réponse de M. Muller à cette question.

— Jure haine et malédiction sur le monde,
s'écria-t-il, sur le monde qui a flétri le bonheur

de ton père, et mêlé des fleurs empoisonnées
dans le beau bouquet de la vie de ta mère!

— Je jure haine et vengeance! s'écria le jeune
homme avec exaltation.

— Jusqu'à la mort!

— Jusqu'à la mort!

— C'est bien : oui, jusqu'à la mort, car qui
sait?... Voilà pourquoi je t'ai conduit ici, Félix.
Aurais-tu pu croire que c'était pour te montrer
les catacombes ou mon laboratoire, comme un
amateur de curiosités? Oh! non. Mon but n'était
pas même de te jeter aux pieds de l'autel d'A-
milcar, pour te faire jurer le serment d'Annibal.
J'ai voulu plus : j'ai voulu te montrer un chemin
secret sur cette terre, afin de cacher ta vie, si
tu es assez lâche un jour pour craindre dans ta
lutte; ou pour mettre sous tes yeux la soute aux
poudres, si tu vois jamais ton vaisseau sur le
point d'être pris par l'ennemi. Fais-moi donc
alors un second serment : celui de ne point
mourir ailleurs qu'ici, si ta mort est volontaire.

Et M. Muller, accrochant une corde à un
anneau fiché dans la muraille, la montra du
doigt à son fils, avec un geste horrible de gra-
vité. Jure! lui dit-il.

— Oui, père, je le jure! répondit Félix en
souriant, et avec un petit air dégagé qui sem-

blait ne pas prendre le serment au sérieux.

Son père le regarda fixement.

— Je le jure! reprit alors le jeune homme d'une voix tremblante, et en baissant ses yeux humides de larmes.

— Ton serment est solennel, ajouta M. Muller : malheur à toi, si tu l'enfreins! Je reviendrais plutôt de l'autre monde pour t'accrocher là moi-même.

La voix de M. Muller paraissait la voix d'un homme inspiré. Félix dut comprendre que le serment qu'il venait de faire était véritablement sérieux.

— Espérons, mon père, dit-il d'une voix douce, que jamais je n'aurai besoin de cette corde.

— Qui sait, mon fils? répondit le père avec fermeté. En tout cas, j'ai ton serment. Rappelle-toi bien d'ailleurs ce mot : *Un père ne frappe jamais un fils que pour son bien.*

Un profond silence s'établit alors en face de la corde menaçante.

— Père, dit enfin Félix avec toute la naïveté d'un enfant qui voudrait bien obéir à un ordre difficile, que faire donc pour haïr le monde et remplir le serment?

— Attends, mon ami, répondit M. Muller

d'une voix pleine de tristesse : ton heure n'est point encore venue. Pour le moment je ne te demande que de ne point oublier ton serment. La haine et la vengeance ne se commandent pas : attends ! attends l'heure dn combat. Si tu es vaincu alors, reviens ici, et rappelle-toi mes paroles et ta promesse. En attendant travaille, vis, et apprends à connaître un monde que tu ne connais pas encore. Le jour que tu le connaîtras, ce jour-là tu le haïras; viens à moi alors, et dis moi : je suis prêt. A ce mot, je remettrai à tes mains le fouet vengeur... Partons maintenant, Félix !

Pauvre enfant ! dit-il à part lui : il croit que la vie est un chemin semé de roses. Laissons-lui le temps de voir que ces roses sont toutes hérissées d'épines, puis nous aviserons. A quoi lui servirait la fortune en ce moment. Il n'en ferait qu'un instrument de plaisir, et je veux, moi, qu'elle ne soit qu'un instrument de vengeance.

IV


## LE DOCTEUR MULLER

Le mot de M. Muller était bien loin du conseil de celui qui dit : *Si l'on vous frappe sur
la joue droite, présentez la joue gauche.* Il criait,
lui, au contraire : vengeance !

Avait-il raison ? je ne sais. Je demanderai, en
tout cas, sous quel jour il faut considérer le
conseil divin pour le trouver bon. Car si la logique religieuse fait bien en le proclamant, et
je le crois, la logique de la nature est loin de
nous faire toujours un crime de ne pas lui
obéir.

La société elle-même n'en veut pas pour son
compte, car elle a ses gendarmes, ses tribunaux et ses prisons pour répondre au soufflet
donné ; elle excuse, en outre, la main qui riposte au soufflet par un soufflet.

La morale de M. Muller ne serait donc autre,

en fin de compte, que la morale de Dieu et des hommes, la morale des représailles, la bonne probablement, puisqu'il est malheureusement vrai que l'homme n'a généralement pour mobiles de ses actions que la crainte et l'espoir : l'espoir des récompenses, la crainte de la punition.

Mais M. Muller ne songeait à la morale d'aucun code en criant : vengeance ! Il criait parce que son cœur était aigri par l'injustice humaine et par la malédiction sociale qui avait gravé sur son front une tache indélébile et mordante, en stigmatisant sa naissance.

Jean-Guillaume Muller naquit en 1775, dans la ville du Hâvre.

Quelques jours après sa naissance, la porte d'une maison bien modeste, située au hameau des Granges, près Blois, bien loin du Hâvre par conséquent, s'ouvrit, un soir, pour livrer passage à un vieillard qui tenait un enfant caché sous son manteau.

— Voulez-vous, dit le vieillard aux maîtres de la maison, recevoir au milieu de vous ce petit enfant ? Je ne sais quand on vous le réclamera, mais vous recevrez jusque-là une pension pour ses besoins et pour vos peines.

Cet enfant était Jean-Guillaume.

Le vieillard disparut et ne revint pas.

La position de la famille que le vieillard avait choisie était modeste mais aisée, car les goûts de cette famille étaient simples et honnêtes. La pension promise fut, du reste, ordinairement payée, quelquefois pourtant oubliée. Mais la famille adoptive de Guillaume sut toujours la rendre suffisante aux besoins de l'enfant, et même aux nécessités de l'éducation du jeune homme, qui fut plus soignée qu'on eût pu l'attendre de l'irrégularité des secours, et surtout de la modestie d'un petit prolétaire des premières années du règne de Louis XVI.

Ce petit prolétaire, il est vrai, savait penser, et il pensa, comme un philosophe des beaux jours d'une grande nation, que l'instruction supérieure peut toujours conduire à bien.

A quel bien pourtant pouvait-elle conduire le pauvre Jean-Guillaume? Nul ne le savait assurément alors. Le jeune Muller lui-même ignora longtemps sa vocation.

Mais, à cette époque, une grande idée fermentait dans toutes les têtes, et l'on espérait beaucoup en l'avenir.

Ce n'était pas tout à fait sans raison.

Les droits durs et ridicules que s'était arrogés l'aristocratie nobiliaire, trébuchaient tant et si bien depuis les dernières années du règne de Louis XV, que, au commencement de celui de Louis XVI on ne se fit plus faute de parler mal tout haut de ce vieil ordre de choses, et même si vivement, que tout le monde crut à sa chute prochaine. Le roi lui-même sembla ne pas dire non, en renonçant volontairement à quelques prérogatives blessantes de ses ancêtres.

Le vent soufflait donc favorablement du côté de l'émancipation, au profit évidemment de la science.

Le hasard parut, du reste, pousser forcément le jeune Muller de ce côté.

L'illustre chimiste Lavoisier possédait un petit château au hameau de Frouville, à quelques lieues de Blois. Le destin de Jean-Guillaume voulut que sa famille d'adoption se liât d'amitié avec le grand homme dans une occasion toute fortuite, qui n'a pas d'intérêt pour notre récit, mais qui fut pour le jeune homme un point de départ important, car elle le poussa dans une voie qui le fit sortir de l'inaction d'un enfant gâté, pour le livrer à l'activité du travail. Il était impossible, en effet, qu'un jeune homme fréquentât Lavoisier, sans respirer auprès du savant l'air vivifiant de la science.

A Frouville, comme à Paris, l'illustre

savant avait son laboratoire de chimie, qui
attirait tous les hommes de bonne volonté. Tous
les petits châtelains des environs, qui étaient
nombreux à cette époque, un monsieur de Belâbre surtout, s'y rendaient très-volontiers pour
s'instruire· M. de Belâbre y allait quelquefois
accompagné d'un de ses grands amis, qui venait de loin le visiter de temps à autre dans
son petit castel.

Ce grand ami de M. de Belâbre était un
docteur de l'université allemande de Heidel-
berg. Il portait le singulier nom de Wilfrid Satanus, nom fort respectable assurément, puisqu'il était en *us,* mais assez peu recomman-
dable d'autre part. Le personnage, du reste,
n'était pas moins bizarre que son nom, avec ses
petits yeux de lynx, qui effrayaient toujours
celui sur lequel ils se fixaient ; sa grande barbe
blanche qui descendait jusque sur sa poitrine,
et surtout ses discours à désespérer la jeunesse
qui voit ordinairement le monde sous un jour
si riant. Il était d'ailleurs fort savant; et Lavoisier était toujours heureux de le voir entrer
chez lui.

Jean-Guillaume s'occupa donc de chimie
avec Lavoisier, puis de botanique quelquefois
et d'astronomie, sans prévoir assurément encore

où cela le conduirait, mais uniquement parce qu'il y trouvait du goût.

Plus expérimenté et plus positif que lui, son père, quoiqu'il augurât bien de le voir se livrer à ces nouvelles études, ne se crut cependant point en droit de fonder entièrement ses espérances sur elles. Il ne voyait pas clairement comment elles pourraient donner le pain de tous les jours à celui qui n'avait ni nom, ni protection. Aussi profita-t-il du goût que son fils prenait au travail, pour lui proposer de se donner, en dehors de ses études scientifiques, à l'apprentissage d'un état manuel.

Jean-Guillame accepta : c'était, du reste, le bon genre alors. Tout le monde était sous l'engouement des doctrines de Jean-Jacques Rousseau qui n'était mort que depuis quelques années, et chacun tenait à honneur de ressembler à son Emile.

Le jeune Muller vécut ainsi, travaillant des deux mains avec tout l'entrain du bon vouloir, jusqu'en l'année 1794, c'est à-dire jusqu'à la mort de son illustre maître et ami Lavoisier, dont la Convention fit tomber la tête, malgré tous les efforts du savant Fourcroy. Mais alors il retomba dans l'incertitude de ses premières années, cherchant une voie qu'il ne trouvait

plus, car son état manuel ne suffisait point à
ses goûts.

Un rien décida enfin de sa vocation.

Dans ses nombreux voyages à Frouville, il
s'était lié d'amitié avec le fils du fermier du
château, Jean Bauvallet, qui avait à peu près
son âge. Jean n'était plus à Frouville en 1794.
La mort de l'illustre chimiste avait jeté la famille du fermier dans le désarroi, et chacun
avait cherché sa position un peu à l'aventure.
Jean avait trouvé la sienne à Blois, où, vivant
aux côtés de son ami, il ne manquait point de
le fréquenter aussi souvent que possible.

Là, le hasard, qui s'était montré dur à l'é-
gard du pauvre Jean, en ne lui donnant qu'un
pain sec et noir à manger, et beaucoup de travail, malgré ses prières réitérées, lui offrit en
revanche, malicieusement peut-être, ce qu'il ne
cherchait pas, l'amour. L'amour le mit un jour
en présence d'une jeune fille pleine d'entrain.

Le cœur du jeune homme, tout novice encore, fut pris, si bien même, qu'il voulut se
marier. Mais se marier à son âge ! La jeune
fille aussi était si jeune, et tous deux, si pauvres ! La raison leur parla : ils résolurent d'attendre, et de travailler en attendant. Mais la
fiancée n'était pas libre ; attachée à une famille

qui l'avait élevée maternellement, elle devait la suivre partout ; et cette famille partit un jour pour Paris.

Jean n'en fut point décontenancé : il résolut de ne pas perdre de vue sa fiancée, sa seule fortune, son bonheur. Je vais à Paris, dit-il à son ami, le jour du départ de sa fiancée : tu ferais peut-être bien d'y venir aussi.

Paris! ce mot fut une étincelle sur le cœur de Muller. Il lui sembla que son avenir était là, en effet, et que si jusqu'à cette heure rien ne lui avait souri, c'était qu'il n'avait point encore mis le pied dans la voie qu'il devait suivre ; c'était qu'enfin il était destiné à vivre à Paris.

Mais qu'y faire ?

Une révélation subite lui indiqua sa véritable vocation, en lui montrant le chemin qu'il avait déjà fait dans ses études avec Lavoisier, et lui ordonnant d'épouser la fille de toutes les sciences, la médecine. Il était temps, car l'âge avançait.

Il partit donc aussi pour Paris, où il arriva, suivi des bénédictions de toute sa famille, et dévoré de l'amour du travail. Cet amour était bon, car l'enfant se faisait homme, mais aussi l'homme était bien jeune encore, bien inexpérimenté. La vie n'avait encore eu pour lui que des sourires, et présenté à son imagination que des roses, les roses de l'innocence, toutefois.

Mais les passions ne tardèrent point à lui parler de leur plus séduisant langage, au sein de la grande ville. Elles lui montrèrent un avenir autrement gracieux que celui qu'il rêvait, et un présent bien autrement doux que celui dont il jouissait. Malheureusement il écouta les passions. Qui donc eût fait autrement à son âge? Ulysse avait plus de vingt ans, lorsqu'il boucha de cire ses oreilles, pour ne point entendre la voix enchanteresse des Syrènes.

Bien donc qu'il travaillât courageusement, Jean-Guillaume ne fut pas aussi sage qu'Ulysse, et l'année 1799 arriva vers lui, souriante et gracieuse avec tout le débraillé des autres. Il avait alors près de vingt-quatre ans.

Cette année-là, le dieu de l'amour le logea dans la petite rue des Fossés-Saint-Jacques, dans une maison fort agréable, à deux ailes de bâtiment, formant équerre sur une cour où le jeune homme avait la fenêtre de sa chambre. Cette disposition eût été parfaite pour deux amis qui eussent habité au même étage de ces deux ailes, car ils eussent pu causer de leurs affaires les plus secrètes sans quitter leurs logis et sans être entendus.

Mais, malheureusement, à la fenêtre la plus voisine de la sienne, le jeune étudiant ne vit point d'ami ; il n'y vit jamais qu'une jeune fille, bien jeune, mais à l'œil ardent, aux formes saisissantes : on l'appelait Félicie Stella.

Elle était seule avec sa mère, vivant dans un mystère que personne du voisinage n'avait pu pénétrer, quoi qu'on fît, mais, en tout cas, avec toute l'apparence de l'honnêteté la plus délicate. Tout le jour et une partie des nuits, ces deux femmes travaillaient avec une ardeur sans pareille. Il n'était pas difficile de voir que l'aisance n'était pas là.

Jean-Guillaume ne pouvait se lasser d'admirer Félicie ; il admirait son courage, et, sans savoir pourquoi, il redoubla d'ardeur dans son travail aussi, étudiant également une partie des nuits.

Pendant longtemps, les deux jeunes gens n'eurent, l'un pour l'autre, que quelques regards d'étonnement et d'estime pour leur assiduité mutuelle au travail, puis, quelques sourires d'encouragement ; puis, quelques mots à la dérobée : puis, l'amour vint, s'il n'était déjà venu. Ils se le dirent un jour ; et ce fut un grand malheur, car de ce jour-là Félicie, qui n'était encore qu'une enfant pour l'âge, perdit toutes les illusions de l'enfance . Bientôt elle perdit plus ...

Madame Stella apprit cette nouvelle avec un poignant désespoir. C'était une douleur nouvelle ajoutée aux douleurs qui la rongeaient. déjà. Pourtant elle n'éclata point ; mais avant que le déshonneur de sa fille ne fût connu, elle s'éloigna de sa maison, et alla cacher ailleurs la honte qui la menaçait.

Muller, dont l'amour était sérieux, ne se découragea pas : son amour grandit même, au lieu de s'éteindre. Il comprit, comme un homme d'honneur, les devoirs qui allaient lui incomber. Aussi, lorsque Félicie fut mère, il se présenta et reconnut l'enfant, en attendant qu'il lui fût permis de légitimer sa naissance par l'acte du mariage qu'il espérait bien contracter sous peu, en y préparant sa famille, pendant les vacances qui allaient s'ouvrir. Dès cet instant, il se chargea des soins à donner à son fils, dont il s'occupa avec toute la sollicitude d'un bon père.

La famille ne repoussa pas les ouvertures du jeune homme ; aussi les vacances furent-elles courtes pour lui, car il les abrégea tant qu'il put. Mais il ne les abrégea pas encore assez pourtant, car, en son absence, Félicie se maria, et, à son retour à Paris, il apprit que le jour de son mariage elle était partie en voyage dans une élégante berline.

Qu'était-elle devenue? il n'en sut rien. Toutes ses recherches ne purent lui apprendre rien sur ce mariage ; sur ses antécédents et ses suites, rien, si ce n'est qu'il y avait là des mystères bien profonds, mystères sur la famille Stella, dont le nom fut introuvable, mystères sur l'époux de Félicie, que personne ne connaissait.

Pauvre Muller ! cet abandon fut sa peine la plus cruelle, son désespoir! Mais il devait vivre pour deux, et il prit la résolution d'un homme de cœur. Il ne vit plus dès lors qu'un but devant lui : obtenir promptement son grade du doctorat. Ce jour-là vint enfin.

Le soir même de sa réception, il eut la visite d'un ami qu'il avait un peu perdu de vue et qui avait déjà eu une grande influence sur sa destinée: ce fut celle de Jean Bauvallet.

Il reçut en même temps un paquet de papiers cacheté d'un cachet noir.

Jean était marié : il avait cru devoir se hâter pour échapper à la nouvelle loi sur la conscription. En cela il s'était trompé, car la loi l'avait atteint, et, ce qui lui était le plus sensible, c'était que madame Beauvallet lui donnait l'espoir de devenir mère, et qu'elle ne pouvait, pour l'instant, songer à le suivre.

Telles étaient les nouvelles que Jean venait raconter à son ami. Mais le jeune docteur entendit à peine ce qu'il lui dit. Il était tout entier absorbé dans la contemplation de ce cachet noir, qui ne lui disait rien de bon, et qu'il n'osait briser. Il lui semblait lire au travers la mort de quelqu'un de sa famille adoptive, la seule qui lui restât.

Il rompit enfin le cachet et il lut, au milieu de larmes bien amères, que celui qu'il avait aimé comme un bon père, parce que ce père l'avait aimé comme un fils bien chéri, était mort. Il pensa que certainement il devait être inhumé, puisque la lettre avait déjà deux jours de date.

A cette lettre était joint son extrait de naissance, qui avait été demandé à la mairie du Hâvre pour l'affaire de son mariage. Le mariage n'ayant pu avoir lieu, la feuille légale était restée aux Granges, entre les mains de l'excellent père, qui l'avait retenue par un motif de profonde délicatesse, car cette feuille était souillée d'une tache.

Pourtant comme Muller pouvait trouver quelque intérêt à connaître les secrets de sa famille ; comme son père adoptif, d'autre part, ne pouvait pas choisir son heure ponr adoucir une communication pénible, puisqu'il descendait dans la tombe, il adressait au jeune homme l'extrait de naissance, tel qu'il l'avait reçu.

La feuille municipale constatait que l'enfant Jean-Guillaume était né en la ville du Hâvre-de Grâce, en l'an 1775, de Guillaume Muller, rentier, de Francfort-sur-le-Mein, actuellement domicilié à Paris, et de dame Barbera Buttlander, native de Boudry, canton de Neufchâtel, en Suisse.

Mais en marge, était écrite, d'une autre main, cette observation : Guillaume Muller, tué d'un coup de feu par Marat, en l'année 1787, est le père légal; le père réel est Jean-Paul Marat, docteur en médecine, né à Boudry, en l'année 1743, mort assassiné à Paris, le 13 juillet 1793, par Charlotte de Corday (1).

---

1. En l'année 1840, j'habitais le bourg d'Oucques, dans le département de Loir-et-Cher. J'occupais un coin dans les restes d'un château appartenant à un bonnetier, de Blois, retiré des affaires. Ce castel, était en 89, la propriété de la famille de Belâbre.

A trois kilomètres d'Oucques, dont il est une dépendance, est situé le hameau de Frouville, où gisent les ruines d'un autre château, qui n'a laissé debout de son ancienne splendeur qu'une ferme qui y attenait, et un misérable pavillon. En 1840, tout cela appartenait à M. B...t, un vieillard originaire de ce pays. Au temps de

Si la main inconnue, qui avait taché l'acte
de naissance de Jean-Guillaume de son ignomi-
nieuse note, s'était donné pour mission de briser
l'âme du jeune homme, elle avait parfaitement
réussi. Après cette lecture, le jeune docteur

---

la grande Révolution, le château existait tout entier : il
était la propriété du savant chimiste Lavoisier.

M. B... avait connu M. de Belâbre et Lavoisier. Chez
M. de Belâbre, il avait rencontré quelquefois un vieil Al-
lemand, savant chimiste et très-savant physicien, qu'on
appelait tantôt M. Wilfrid, tantôt M. Satanus. Chez Lavoisier, il avait rencontré souvent un jeune homme qui
venait de Blois : il avait nom Jean-Guillaume Muller.
Lorsque les jeunes gens de son âge, Jean Bauvallet entre
autres, voulaient le taquiner, ils l'appelaient Marat.

Comme M. B... s'étonnait de cette qualification, fort in-
jurieuse pour beaucoup à cette époque dans les campagnes, appliquée à un jeune homme qui n'avait rien du
*hideux* conventionnel que quelque ressemblance peut-être
par sa petite taille, par sa grosse tête, sa large poitrine,
et ses jambes un tant soit peu torses, M. Wilfrid et M. de
Belâbre souriaient toujours en se regardant.

M. B..., que ces sourires intriguaient fortement, ne
cessa de s'enquérir auprès de M. de Belâbre que lorsque
celui-ci eut fini par lui dire un jour : Muller est, en effet,
le fils de Marat ; du moins M. Satanus me l'a affirmé.

— Mais il a nom Muller, répondit M. B..., qui n'était
pas à moitié curieux. — Sans doute. — C'est qu'alors
repartit M. B..., qui ne se trouvait pas suffisamment renseigné, il est aussi le fils de mademoiselle Muller. — A
moins, répondit M. de Belâbre, qu'il ne soit le fils putatif
de M. Muller.

4

tomba dans un profond accablement, d'où il ne sortit de temps à autre que par d'horribles secousses nerveuses.

Jean, lui, était au désespoir, ne sachant que faire et ne comprenant rien à cette crise de désolation. Il restait devant son ami, dont il tenait les mains dans ses deux mains, cherchant à le consoler de son mieux. Mais Jean-Guillaume ne voyait rien et n'entendait rien que le nom de Marat, l'homme le plus hideux et le plus détesté de France, à cette époque... et c'était son père !... et sa mère ?... horreur !...

D'abondantes larmes vinrent enfin couler de ses yeux, et calmer un peu l'aridité de son déséspoir. Il se redressa tout à coup vers son ami.

---

Et il brisa là la conversation sur laquelle il ne revint plus.

Cette anecdote que M. B... me raconta en l'année 1840, ne fit alors aucune impression sur mon esprit, car je ne voyais pas d'intérêt à constater la paternité du docteur Marat, qui, du reste, n'avait rien de bien étonnant, bien que l'histoire ne lui ait point reconnu cette qualité.

Elle ne me revint à l'esprit, avec tout l'intérêt qu'elle méritait pour moi, que lorsque je voulus m'occuper d'une étude sur ce malheureux savant, qui acquit une notoriété si diversement appréciée au sein de la Convention et dans l'histoire.

— Mais que me disais-tu donc tout à l'heure, Jean, pendant que je lisais cette mauvaise nouvelle de la mort de mon... père ? dit-il d'une voix que ce mot étrangla au passage.

— Je te disais, mon pauvre Jean-Guillaume, que j'allais être obligé de partir pour l'armée.

— Bon ! eh bien, mon ami, nous partirons ensemble. Voilà que je viens d'être reçu docteur ; je trouverai dans les armées une vie plus facile et moins précaire que dans la société civile. J'ai d'ailleurs un chagrin à secouer vivement, ajouta-t-il avec un profond soupir, où trouverai-je une plus belle occasion pour obtenir un oubli que je cherche ?

Le docteur Muller prit immédiatement auprès de l'administration militaire ses mesures à cette fin.

Resta la difficile affaire de la position de son enfant. A qui le confier ? où lui trouver une mère assez bonne pour l'aimer, assez intelligente pour remplacer le père auprès de lui pendant des années, toujours peut-être ? Madame Bauvallet lui parut bien être cette mère bonne et intelligente, mais consentira-t-elle à rester longtemps éloignée de son mari ? N'aura-t-elle pas aussi, elle, bientôt à chercher une mère pour son enfant ?

Que faire donc ? Il n'y avait pas à hésiter. Il donna son enfant à la femme de son ami, en lui laissant des instructions très-détaillées sur les soins qu'il désirait qu'on lui donnât, sur l'éducation qu'il voulait qu'il reçût, sur les précautions qu'elle aurait à prendre, dans le cas où elle serait obligée d'abandonner cet enfant aux mains d'autres personnes.

Puis il écrivit à sa famille d'adoption une longue lettre de condoléance, de remerciements pour les soins affectueux qu'il en avait reçus. Il lui annonçait sa détermination de s'engager dans l'état militaire, et l'espérance qu'il avait de la revoir un jour. Il s'excusait, en outre, de ne pas aller l'embrasser avant son départ, voulant ménager à tous les chagrins d'une séparation qui lui brisait le cœur, à lui.

Puis, il partit.

Mais le chagrin monta en croupe, et partit avec lui. Aussi, rechercha-t-il partout, sur les champs de bataille, une mort qui sembla prendre plaisir à l'éviter en toute occasion. Il fit cependans toutes les guerres de l'Empire; il se trouva partout, dans les affaires les plus chaudes, en Espagne, en Allemagne, en Russie, souvent à côté de son ami Bauvallet, souvent loin de lui.

Enfin, dans le désastre de l'année 1812, il

tomba gravement mais non mortellement blessé, au passage de la Bérésina, où il fut pris par l'ennemi.

Il fut emmené prisonnier en Sibérie avec tous ses frères d'armes qui n'avaient pas eu le bonheur de mourir.

Le docteur Muller avait recherché la mort, mais il avait horreur de l'esclavage. Aussi, employa-t-il toutes les ressources de son esprit à trouver les moyens de s'enfuir.

Il les trouva, mais en homme qui ne craint plus rien. Il se jeta avec toute la rage du désespoir dans les steppes les plus sauvages de la Sibérie, où il tomba mourant de faim et de fatigue.

Quand il se releva, il était aux mains d'une caravane de Kalmoucks, qui, ne trouvant rien de bon ni sur lui, ni dans ses poches, fit argent de lui, en le vendant à des marchands de Boukhara, qui le revendirent à des Indiens.

Après une odyssée des plus émouvantes, il sembla trouver enfin le repos. Un nabab l'acheta, et ce nabab était un savant. La fortune ne l'oubliait donc pas tout à fait.

Son maître, le nabab Andaman de Belphégor, habitait la capitale du vieux royaume du Bengale, Calcutta, qui était possession anglaise depuis

1765. Il avait là, sur les bords de l'Hougly, un palais féerique, où brillaient journellement le luxe et les fêtes d'un palais des *Mille et une nuits*; il avait, en outre, au charmant village de Barragpour, à vingt kilomètres de la ville, une élégante villa où il travaillait, seul et en secret, à des œuvres inconnues.

Le nabab était immensément riche. Comment l'était-il devenu? par le commerce, disait-on. C'était vrai : mais quel commerce? Là était le secret. En tout cas, il était devenu riche par le secrets de la science, des secrets qui lui venaient, on ne savait d'où. Personne d'ailleurs ne s'en occupait.

Nous savons, nous, qu'il était chimiste, alchimiste même, un dévot des sciences occultes enfin, sciences dont on rit, parce qu'on ne les connaît pas, il me semble. Le nabab, lui, en sut tirer un bon parti, car il en tira une fortune rare, même dans les Indes. Il était, du reste, un homme rare aussi, plus haut d'intelligence que tous ses compatriotes, que ses conquérants même, et d'un cœur excellent.

Il devina de suite son nouvel esclave ; aussi, le docteur Muller fut-il le bienvenu chez lui. Il l'admit à ses travaux, écouta ses leçons, lui donna les siennes, et ne le considéra bientôt plus que comme un ami. Ils vécurent ainsi pendant plusieurs années.

Mais un jour le nabab tomba malade. Il ne tarda pas de s'apercevoir que, malgré la science de ses médecins, malgré la sienne et le dévouement du docteur Muller, son mal devenait de plus en plus menaçant. Il n'était pas homme à se faire illusion : aussi, déclara-t-il un jour tout net à son ami qu'il allait mourir.

Le docteur ne le comprit que trop ; il ne répondit à cet homme, auquel il s'était bien sincèrement attaché, que par des larmes qui touchèrent bien vivement le nabab.

— Muller, lui dit-il alors, je t'ai toujours caché un secret : j'ai eu tort. J'aurais dû te donner ma science, puisque tu me donnais toute la tienne. Ce secret est un secret de chimie : il est là, ajouta-t-il en lui donnant un papier. Si tu sais bien me comprendre, si tu sais bien procéder, tu obtiendras les mêmes résultats que moi. Je ne veux pas que ce secret meure : à qui donc puis-je mieux le donner qu'à toi, qui es mon ami ?

Cela pourtant ne suffira point à mon amitié pour toi, ajouta-t-il encore, en lui tendant un autre papier et une bourse : voilà ton acte d'affranchissement et un peu d'argent pour ton installation dans ton pays. Pars avant ma mort, je t'en prie, de peur que mes héritiers ne te retiennent ici. Je ne serai tranquille que lorsque je te saurai sur un vaisseau en partance pour ta patrie. Ecris-moi un mot alors ; tu trouveras ma réponse à Paris.

On était au milieu de l'année 1815. Le bruit courait dans les Indes, mais prématurément, que la France était vaincue ; que les mers seraient libres désormais partout pour les Anglais. Aussi, le docteur n'éprouva-t-il aucune peine pour son embarquement. Il prit passage sur un vaisseau anglais qui déployait déjà ses voiles, et il écrivit aussitôt à Andaman : « Je pars, sois béni ! j'attends ta lettre à Paris, et je reviendrai vers toi, s'il le faut. Que Dieu te garde ! »

Le voyage se fit sans encombre. Le docteur Muller arriva à Paris vers la fin de 1815, quelque temps après le départ de Napoléon pour l'île de Sainte-Hélène. La France paraissait bien vaincue cette fois, grâce à la coalition de l'Europe entière.

Le premier soin du docteur fut de rechercher la lettre qu'il attendait. Il la trouva ; elle était vieille de plusieurs mois déjà. Elle était donc partie des Indes comme lui ou à peu près.

Elle était ainsi conçue, et écrite d'une main étrangère : « Andaman, comte Pépin de Béelzébuth, prince de Belphégor, l'ami du docteur Wilfrid Satanus, ton protecteur te dit adieu ! il se meurt. Allah te protége, toi et toute la descendance de l'illustre docteur Marat, ton père !... »

Marat ! toujours Marat ! s'écria le pauvre docteur avec l'accent de la désolation la plus profonde. Ce nom maudit me poursuivra donc partout, jusque dans l'éternité. C'est atroce ! Mais lui, ce nabab, comment connaît-il ce secret ? Où a-t-il vu Satanus ? ajouta-t-il en cherchant dans ses souvenirs, et ne trouvant rien qui lui expliquât l'étrange science du nabab, qui n'était autre que le génie malfaisant qui avait tant torturé Marat, sous différents noms, et qui trouvait encore en mourant — s'il mourait — le moyen de léguer le mal à la descendance du pauvre docteur de Boudry, en laissant à son fils au nom de l'amitié, un talisman d'une puissance irrésistible.

C'était atterrant. Mais, après un instant de cruelle rêverie, le docteur Muller dérida bravement son front. Il grimaça un sourire qui ressemblait assez à un sourire de défi, soit à l'adresse du nabab, soit à l'adresse de l'opinion publique qui l'écrasait de son poids depuis si longtemps. Puis, redressant fièrement la tête, et secouant son épaisse chevelure, à l'instar de

son père le maudit, et comme lui, frappant du
pied la terre, pour annoncer que sa résolution
était définitivement prise, le docteur s'écria :
Que m'importe le passé, qui n'est pas à moi !
un père, que je n'ai pas choisi ! Oublions cela,
et pensons à l'avenir. Ma seule affaire à cette
heure, ma vie, à moi, mon avenir, c'est mon
fils.

Le docteur Muller n'eut plus, en effet, qu'une
occupation, celle de rechercher son fils. Où était-
il ? Madame Bauvallet était morte, il le savait;
mais son ami Jean, qu'était-il devenu ? Était-il
mort depuis qu'il l'avait perdu de vue ? était-il
prisonnier de guerre quelque part et oublié dans
les bas-fonds d'un cachot ? ou bien était-il vivant
et libre, et servant de père à Félix ?

Ses recherches furent longues et pénibles,
mais elles ne furent pas infructueuses. Il finit
par retrouver son fils Félix, mais il n'apprit rien
sur le sort de son ami Bauvallet.

Félix était beau, bien portant, et surtout bien
élevé. Il avait plus de quinze ans alors. Les instructions, que son père avait laissées à madame
Bauvallet pour son éducation, avaient été très-
scrupuleusement suivies.

Le docteur retrouvait donc son fils tel qu'il
l'avait toujours désiré. Seulement, son éduca-

tion n'était pas achevée : il se hâta d'y pourvoir. Libre désormais de toute inquiétude bien pressante, il se donna en même temps aux soins de sa propre installation.

Il dut penser, avant tout, à consolider son existence de tous les jours. Il le fit par le placement des capitaux qu'il apportait des Indes. Il acheta, à cet effet, sa petite maison de Montrouge, dont le revenu devait suffire à ses besoins et à ceux de son fils ; puis, il y joignit un petit coin de terre avoisinant, qui souriait à ses projets, car sur ce coin de terre se trouvait l'ouverture béante d'une champignonnière abandonnée.

C'était là que le docteur voulait cacher ses expériences, celles que lui avait recommandées Andaman, pour n'avoir point à rougir, s'il était dupé, pour ne point tenter personne, s'il réussissait.

Ces acquisitions faites, il se hâta de tout disposer, pour ses projets, dans le coin des catacombes, que nous connaissons déjà. Mais lorsque tout fut prêt, il s'arrêta ; il ne paraissait plus pressé de se livrer à ses travaux. Pourquoi? Peut-être ne croyait-il plus ; peut-être se reprochait-il déjà d'avoir ouvert trop légèrement son esprit à des conceptions insensées ; peut-être aussi voulait-il jouir de l'espérance avant la désillusion ; ou peut-être encore adorait-il le secret du nabab satanique comme un fétiche, ou comme un avare adore son or, sans oser y toucher.

Il se décida pourtant un jour à se mettre à l'œuvre, et ce jour-là il trembla, comme à l'instant d'un crime. Son fourneau lui parut un enfer ; il y mit le feu avec l'exaltation de la folie. La brusquerie de ses mouvements était sans bornes ; il brisa une partie de son matériel, sans comprendre ce qu'il faisait. Puis enfin, honteux de ses emportements désordonnés, il s'assit en face du feu qu'il avait allumé, et se mit à rire d'un rire saccadé, nerveux, à la fin duquel il tomba dans l'abattement d'un homme épuisé.

Le calme revint enfin : il relut attentivement les instructions de son maître Andaman, et se mit tranquillement à l'œuvre.

Ses fourneaux furent visités de nouveau et chauffés à point ; ses matras, ses cornues et ses creusets furent alignés selon l'instruction. Il y joignit quelques instruments spéciaux qu'il avait apportés des Indes : puis enfin, il jeta dans la première cornue, qui était une cornue du nabab, le mélange sacramentel, dont il épia le travail et la transformation avec toute l'attention d'un savant à l'instant d'une précieuse découverte.

Mais ce travail était multiple, il était long ; il fallut attendre. Il attendit plusieurs heures.

Le premier résultat ne fut pas mauvais sans doute, car le docteur ne parut pas mécontent ; mais l'œuvre n'était pas finie. Elle dut se continuer ainsi plusieurs jours, chaque jour donnant son produit nécessaire au produit final.

Le dernier jour arriva enfin. Ce fut d'une main fébrile que le docteur tira du creuset son produit chimique...

Avait-il réussi ? ou se trouvait-il victime des illusions de la fièvre d'un malade ? Toujours est-il qu'il resta anéanti, les lèvres crispées, les yeux fixés à terre. Le mot de vengeance sortit parfois de sa bouche, au milieu d'un sourire sardonique. Puis, il s'assit sur une pierre, car il chancelait, les deux coudes appuyés sur ses genoux, et la tête serrée dans ses deux mains.

Il resta là jusqu'au soir. Il se leva alors, éteignit les derniers débris enflammés de son fourneau, serra les produits de son travail dans un trou qu'il avait menagé dans la muraille et fermé d'une dalle ; puis, il remonta au grand jour.

Le lendemain, il se réveilla en balbutiant :

tout un côté du corps était à demi paralysé.

Ses projets de vengeance se trouvèrent bien problématiques alors, et ce ne fut pas ce jour-là le moindre chagrin du docteur.

Il revint à mieux pourtant. Ce fut un grand bonheur pour lui, mais un bonheur qui le fit rêver plus mûrement à ses projets et à leur avenir. Aussi, ne parut-il plus s'occuper dès lors que d'une autre œuvre bien plus importante, il lui sembla, que celle des catacombes, de l'éducation de son fils.

La vie ne paraissait plus rien pour le docteur Muller ; elle l'abandonnait. Mais la vie de son fils, elle, était pleine de séve et de promesses ; il voulut qu'elle fût énergique ; il voulut que Félix devînt un homme, même avant le temps ; il voulut vivre en lui et par lui, et il était pressé, car il se voyait talonné par la mort.

La mort lui donna du répit cependant, car quelques mois après cette attaque apoplectique, le docteur Muller marchait droit, un peu affaibli, il est vrai, vieilli d'aspect, mais enfin il ne se mourait pas. Son esprit était même vigoureux, plus vigoureux qu'on aurait pu le croire, à le voir.

Félix, lui, selon les désirs de son père, se mit en train de devenir un homme.

V

## L'AN 1818

Le docteur Muller atteignit ainsi l'année 1818,
qui fut, comme on sait, une année bien importante, sinon bien heureuse pour la France.
Elle était la fin d'un vieux monde et le commencement d'un monde nouveau, la fille bâ-
tarde de la République et de l'Empire, de la
licence et de l'arbitraire ; partant elle donnait un
peu l'image du chaos.

Elle avait donc beaucoup à faire, pour rétablir l'ordre dans les esprits, autant, du reste,
que pour rétablir l'ordre matériel. Elle espérait
bien pourtant suffire à sa tâche ; elle le procla-
mait bien haut. Comment s'y prit-elle ? nous
le savons aujourd'hui : chacun peut la juger à
son aise.

Toujours est-il que l'œil le plus débonnaire
ne pourra jamais la voir que comme une tran-

sition pénible, nécessairement tourmentée par les plus violentes passions. Car la République n'était point oubliée, l'Empire l'était moins encore, et l'ennemi envahisseur était toujours là.

Les chambres nouvelles, aussi, eurent-elles, en cette année, une dure tâche à accomplir. Mais, comme toujours dans ces sortes de travaux, le plus difficile ne fut pas au dehors, mais au dedans des chambres. La besogne la plus ardue ne fut pas de refaire la France, mais bien de concilier les partis qui avaient charge de la refaire ; d'introduire et d'implanter au milieu d'eux, dans leur esprit, dans leur cœur, un peu de générosité, un peu du patriotisme de l'honnête homme et du loyal citoyen ; de leur persuader de penser au pays, à sa restauration, à sa vie, à son bien-être, à sa grandeur, avant de penser à leurs caprices, à leurs préjugés, aux insanités de leur insatiable ambition.

Pour un grand nombre de nos représentants le passé n'était guère qu'un rêve d'ignominie ; nos armées, que des bandes de cannibales qu'ils s'efforçaient de remplacer par une armée bien pensante, qu'ils ne trouvaient pas ; les citoyens, que des égarés à ramener forcément dans le bon chemin, des esprits pervers à moraliser, ou des coupables à punir.

Peut-être, après tout, devrions-nous excuser un peu ces malheureuses chambres, en les voyant discuter sous les fourches Caudines. Il eût fallu véritablement un grand courage alors pour garder son sang-froid, et regimber contre l'aiguillon des vainqueurs. On doit, en tout cas, leur savoir gré d'avoir proclamé, malgré toute pression, la réhabilitation de l'armée vaincue, et d'avoir osé résister à l'ordre d'aggraver les pénalités de la presse.

C'était là, reconnaissons-le, un bon symptôme que la ville applaudit vivement, car il prouvait que la servilité aurait peine à s'acclimater chez nous. Mais il piqua désagréablement la sensibilité royale, et lui fit comprendre que la cour n'était pas forte encore. Comme les faibles aussi, elle se hâta de regimber, en reportant plus vivement à la tribune ses vieux errements d'autrefois et ses vieux apôtres. Elle se mit en pleine réaction blanche, aidée, poussée même par ses imprudents amis, vieux et nouveaux.

Que pouvait faire, en cette occurrence, l'opposition des partis vaincus? Rien, que de conspirer. Elle le fit; il fallait s'y attendre : et elle le fit si clandestinement que les conspirateurs sérieux ne furent point saisis. La police éveillée ne saisit que des conspirateurs à l'eau de roses, des mécontents peureux, les bavards indiscrets de la *terrasse des bords de l'eau*, et du *café de Valois*, comme on disait alors.

Tout cela ne mettait point en danger, pour l'instant, la nouvelle royauté qui simula néanmoins l'effroi. Mais tout cela agitait fortement l'opinion publique, et prépara peut-être une agitation plus sérieuse pour l'avenir, car les volcans étaient béants partout.

La position gouvernementale de l'année 1818 n'était donc pas belle. Mais si elle n'était pas belle, les mœurs politiques et privées étaient loin de l'être aussi. L'occupation étrangère, vieille de trois ans déjà, campée dans un pays conquis, avec tous les désirs du mal et toute la puissance de la victoire, ne favorisait guère le développement de l'innocence et de la probité privée.

Les fiers potentats des armées victorieuses vivaient largement sur nous, à nos dépens de toutes sortes. Par notre désunion ils nous avaient vaincus; avec notre or ils flétrissaient le foyer de nos familles et se faisaient ouvrir à grands battants l'alcôve des Laïs en renom.

Aussi, était-ce le beau temps, un beau temps pour les petites dames qui chantaient, à gorge déployée, le *Ça ira* de l'invasion sur l'air du *Drapeau blanc*, après l'avoir chanté de même sur l'air de la *Carmagnole*.

Il n'y avait peut-être en France, à cette époque, à Paris surtout, qu'un homme qui ne s'inquiétât pas de la politique ni des mœurs de la capitale ; c'était le docteur Muller. Il ne vivait, lui, que du passé et de l'avenir ; le présent n'était rien pour lui.

Mais il n'en était pas ainsi de Félix qui avait dix-huit ans alors, l'âge des belles illusions et des généreux sentiments.

Bien que son père évitât de lui parler de la politique, pour concentrer toutes les forces vives de son âme sur la morale sociale, le jeune homme étudiait beaucoup, et tout naturellement, du reste, le code qu'on lui cachait chez lui, en l'ouvrant ailleurs. C'est qu'aussi ce code était partout, dans les rues, sur la face des Cosaques envahisseurs, à toutes les portes, sur les lèvres des vaincus mécontents, qui le commentaient, chacun à sa guise.

Félix goûtait fort ce livre de droit politique, et plus il le lisait, plus il voulait le lire, en parcourant les rues, les carrefours, les places publiques ; en suivant avec avidité les défilés et les revues militaires, aussi bien ceux des Cosaques

que ceux des conscrits de l'armée française en
formation.

Or, un beau jour de l'été de cette année, le
maréchal Gouvion Saint-Cyr, ministre de la
guerre, voulut prouver aux médisants de Paris
que la royauté nouvelle avait aussi quelque chose
en fait de soldats ; qu'elle avait même de beaux
soldats, bien qu'ils n'eussent point encore
voyagé, et que leurs armes fussent toutes neuves.

Il réunit à cet effet autour de l'arc-de-triom-
phe du Carrousel, sous les yeux de Sa Majesté
Louis XVIII, qui se tint assis aux fenêtres des
Tuileries, la légion de la Seine, une fort belle
légion qui faisait l'admiration des dames de
Paris pour sa gracieuse tenue. Il la fit manœu-
vrer avec tout l'entrain d'un soldat content, puis
défiler devant le roi, au grand ébahissement de
la foule de curieux accourus là, Félix en tête,
pour admirer d'autres uniformes que ceux des
Cosaques. Le roi parut très-satisfait ; il salua de
la main le maréchal et sa légion, en leur en-
voyant sans doute par les airs quelques vers
d'Horace, en signe de contentement.

— Pardon, monsieur ! dit en ce moment un
petit homme assez piètrement vêtu, touchant la
cinquantaine, à un homme de quarante-deux
ans environ, couvert de la tête aux pieds d'une

très-longue redingote, et ayant au cou une sorte
de carcan en guise de cravate, pardon ! savez-
vous le nom de ce beau lieutenant-colonel, qui
caracole si gaillardement à la tête de la légion,
sur un fringant cheval bai ?

— Pardieu, si je le connais ! répondit l'interpellé, en cherchant à rentrer le menton dans
son col-cravate d'apparence militaire : c'est un
vieux de la vieille, un vrai grognard ; c'était
mon commandant aux affaires d'Espagne. Il a
bien un peu tourné depuis, il est vrai ; il a été
à Gand, mais c'est tout de même un brave.
Suffit, d'ailleurs, caporal ! ajouta en souriant le
grognard en redingote. Je le reconnais pour bon,
malgré ce petit accroc : il n'est pas fier, et il
est lieutenant-colonel. Il peut protéger son
homme tout comme un autre, car il est bien vu
du gros — lisez : de Louis XVIII.

— Et vous l'appelez ?

— Le lieutenant-colonel comte Pontis de
Sainte-Hélène.

— Tiens ! et moi qui le prenais pour Pierre
Coignard ! riposta, mystérieusement et à demi-
voix, le petit homme.

— Qui ça ? dit une figure qui parut tout à
coup au milieu des causeurs, avec une longue
barbe grise, des yeux caves et perçants, enfouis

au fond de deux orbites desséchées. Qu’est-ce
que c’est que Pierre Coignard?

— Un forçat évadé, dans le temps, du bagne
de Toulon, répondit tranquillement l’interpellé.

— Que Pierre Coignard soit un galérien, c’est
possible; mais le comte de Sainte-Hélène, non!
riposta vivement le nouvel arrivant. Qu’en pensez-vous, Bauvallet? ajouta-t-il en s’adressant
au grognard en redingote.

— Je pense qu’un homme qui a fait avec
nous toutes les guerres d’Espagne, qui a été
accepté et promu par le maréchal Soult, qui s’est
distingué dans mille et mille rencontres péril-
leuses, qui est décoré de la croix de la légion
d’honneur et de celle de Saint-Louis, qui est
membre de l’ordre d’Alcantara, officier supé-
rieur; je pense que cet homme-là n’est point un
évadé du bagne, quoiqu’il ait été à Gand, et
qu’il soit aujourd’hui à la tête de la légion de la
Seine.

— Je ne dis pas, répondit flegmatiquement
et en tournant le dos pour s’en aller, l’homme
à la cinquantaine... Je ne dis pas, répéta-t-il,
entre ses dents, tout le long de son chemin,
mais je veux savoir ça; j’y étais, moi aussi, à
Toulon, et rivé au même pion que lui. Oui, je
veux savoir si ce beau colonel, si ce pimpant

chevalier de toutes sortes d'ordres, a le droit de
se pavaner ainsi, tandis que moi... oui, je saurai ça.

Bauvallet regarda, silencieusement et pendant quelques instants, s'éloigner son impru-
dent interlocuteur ; puis, s'adressant au nouveau venu :

— Qu'en pensez-vous, monsieur Samuel
Vandebeer? lui dit-il en poussant un profond
soupir.

— Je pense que cet homme, qui s'en va là,
n'est qu'un méchant qui dit bêtement une chose
horrible qu'il ne sait pas, ou un sot qui révèle
imprudemment un fait qu'il devrait tenir
secret.

— Quoi ! vous croiriez?...

— Je ne crois rien ; mais je dis que si je
voyais un loup dans la bergerie de mon voisin,
je me garderais bien de crier : au loup ! j'en
rirais.

— Vous ! oh ! non, non ! riposta vivement
Bauvallet. Je vous sais un homme singulier,
mais vous n'êtes pas un méchant homme.

— Vous m'avez deviné, répondit M. Vandebeer, en riant presque aux éclats ; je ne suis pas
bêtement méchant comme l'homme qui s'en va
là. Mais parlons d'autre chose : savez-vous la

grande nouvelle? Les badauds conspirateurs de *la terrasse du bord de l'eau* et du *café de Valois* sont épiés. Avis pour vous, mon vieil ami.

— Je n'irai plus à leurs rendez-vous.

— Et vous ferez bien, d'autant plus que ces gens-là ne sont que des criards, incapables de rien faire ni pour vous, ni pour la patrie. Laissez-les! il n'en est que temps, croyez-moi.

— Oh! je vous crois, monsieur Vandebeer. Et ma pauvre fille, que deviendrait-elle donc, si j'allais sous les verrous du gros? Mais, en revanche, j'irai, ce soir, chez le comte de Sainte-Hélène, lui rappeler la promesse qu'il m'a faite un jour, et mes titres à sa protection comme son vieux soldat.

— A votre place, moi, dit Vandebeer d'un ton pénétré, je n'irais pas là non plus; je m'adresserais à d'autres.

— A qui?

— A moi donc.

— Oh! non; vous m'avez déjà trop de fois ouvert votre bourse.

— Que voulez-vous! je vous l'ouvrirai tant qu'il le faudra. Pourtant je comprends qu'une place vaudrait mieux pour vous.

— C'est vrai; mais quelle place?

— Dame! écoutez donc, je ne tenterai pas

l'impossible ; mais je peux faire pour vous ce que j'ai déjà fait pour Durocher, vous savez, le petit Durocher ! Je l'ai mis au service de M. de Bompart, un riche, un homme très-haut placé.

— Peuh ! dit Bauvallet en faisant une moue de dédain. Durocher, après tout, n'était qu'un conscrit de l'armée d'Espagne. Il peut bien, lui, se faire le valet d'un riche ; mais moi, moi que l'Empereur a décoré, quoique je ne porte pas la croix ; moi, un vieux soldat, un débris de la glorieuse armée de la Loire ; moi qui ai combattu pendant douze ans dans toutes les guerres les plus acharnées, ne plus être qu'un valet ! Et puis, ajouta le vieux grognard, Durocher est un monsieur ; il est jeune, il est souple, il saura se plier à tout : tandis que moi je serai toujours inflexible comme l'honneur.

M. Vandebeer ne répondit pas, mais il regarda fixement, en posant la main sur le bras de Bauvallet comme pour lui imposer silence, un jeune homme qui écoutait avec beaucoup d'attention depuis quelques instants. Sa figure ouverte, ses yeux vivement expressifs, sa bouche souriante qui semblait vouloir parler, impressionnaient M. Vandebeer sans le fâcher. Il lui dit néanmoins avec une certaine sévérité : depuis quand, monsieur, la jeunesse est-elle si cu-

rieuse et si inconvenante que d'écouter la causerie des vieillards ?

Félix, car c'était lui, resta un peu troublé à
ces mots ; cependant il se remit aussitôt.

— C'est que, répondit-il en rougissant, et dé-
signant de la main Bauvallet, je crois connaître
M. Bauvallet. Je suis, moi, Félix Muller.

— Félix ! s'écria Bauvallet en ouvrant deux
grands yeux : le fils du major Muller?

— Oui.

— De mon meilleur ami alors. Ah ! c'est que
voyez-vous, monsieur Samuel, Muller est un
vieux de la vieille aussi, lui ; c'est le camarade
de toute ma vie, mon ami d'enfance... et celui-
ci, ajouta-t-il en prenant la main du jeune
homme, est presque mon fils, car c'est ma pauvre femme qui l'a élevé... Mais, reprit Beauvallet, après s'être tu tout à coup, je me réjouis, je
me sens rajeunir en parlant de ton père, et je
ne t'ai point demandé si... s'il vit encore.

— Il vit.

— Il vit ! Ah ! Dieu soit loué ! Jean-Guillaume
vit ! où donc est-il ?

— Ici, à Paris.

— Merci, mon Dieu ! je pourrai voir encore
mon meilleur ami, lui montrer combien son
vieux camarade est heureux de le revoir.

— Que je ne vous retienne pas, monsieur Beauvallet, dit alors M. Vandebeer au vieux grognard, qui ne savait comment faire pour le quitter... et songez à ce que je vous ai dit, ajouta-t-il à demi-voix.

La parade et le défilé étaient finis : tout s'était passé sans encombre, au grand ébahissement des curieux de Paris, comme nous l'avons dit.

Le soir même, le comte de Sainte-Hélène reçut un petit billet cacheté, sur lequel il y avait ce seul mot : Pierre Coignard est découvert.

C'était un avis de M. Vandebeer. L'avis était bon sans doute, car le comte sortit de chez lui, et se cacha toute la nuit dans une maison de la rue Saint-Maur-Saint-Germain, où demeurait madame la comtesse de Sainte-Hélène *in partibus.*

Mais dès le lendemain, la maison fut cernée, et le comte apocryphe arrêté, malgré sa vive résistance. On l'accusa d'être Pierre Coignard. Il le nia énergiquement; ce qui n'empêcha pas qu'il ne fut condamné à passer, sous le nom de Pierre Coignard, le reste de ses jours au bagne, où il mourut.

Ce petit mais singulier incident de l'année 1818 fut interprété et commenté de mille et mille manières par les passions ardentes du jour. Il n'apporta sur le front du docteur Muller qu'un pli de mauvais souvenirs, et sur ses lèvres, qu'un sourire d'amère ironie.

Bauvallet, lui, en remercia tout naïvement le ciel, puisque cet incident l'avait remis en présence de son unique ami, bien qu'il eût à déplorer d'avoir perdu peut-être un protecteur dont il avait grand besoin.

# VI

## UN GRAIN D'IVRAIE

Il serait difficile de dépeindre la joie des deux amis qui se retrouvaient après une si longue absence et une vie si agitée. Leur causerie fut intarissable.

M. Muller se lança avec un entrain admirable dans le passé de sa vie, tout en taisant pourtant les secrets qu'il tenait du nabab Andaman.

Bauvallet, de son côté, ne fut pas moins verbeux. Le docteur l'écouta avec autant d'attention que son ami l'avait écouté lui-même. Il raconta qu'il avait à peu près constamment suivi la fortune du maréchal Soult.

Mais la fortune du maréchal n'avait rien fait ou presque rien pour lui. Dans un temps où tant de généraux étaient partis le sac sur le dos, il n'avait jamais pu obtenir, lui, qu'un petit grade, l'échelon le plus infime du maréchalat.

Un jour pourtant, il avait vu la croix d'honneur briller à ses yeux, après une action d'éclat qui l'eût probablement poussé dans la voie ascendante, si ce jour-là n'eût pas été le dernier de l'empire, un jour sans puissance par conséquent. La nomination avait été faite par le vaincu ; elle ne fut point, tout naturellement, ratifiée par le vainqueur. Le pauvre caporal en avait donc été pour son illusion d'un moment.

Après le retour de Louis XVIII, Bauvallet était rentré dans ses foyers, pauvres foyers, où il s'était trouvé seul, grelottant de froid sous ses haillons glorieux, mourant de faim dans un réduit délabré, et ne sachant où porter ses pas, pour ranimer une vie qui lui échappait.

Aussi, comme il fut heureux à la nouvelle apparition de l'Empereur ! avec quelle ardeur il courut à son premier appel ! A Waterloo, il combattit comme un lion, au milieu de la garde. Il tomba avec elle ; puis, fut refoulé, avec les nobles débris de l'armée vaincue, au delà de la Loire, d'où le licenciement le rejeta dans Paris, où il avait retrouvé sa fille, sa fille unique, et un jour enfin, comme nous l'avons vu, son ami le major Muller. Mais que de peines, que de misère, que de tourments il avait éprouvés jusque-là! Il ne le cacha point à son ami.

— C'est bien, lui dit le docteur alors, mais je ne veux pas, mon vieux camarade, que tu aies des dettes. J'ai peu, mais ce qui est à moi est à toi : payons d'abord Vandebeer. Mon petit trésor suffira au reste.

Tout alla bien jusque vers l'époque où nous avons trouvé M. Muller installé dans la maison du *Moulin janséniste*. Les deux familles paraissaient n'en plus faire qu'une. Tous les intérêts avaient été mis en commun, et tous les vœux étaient de les resserrer encore; car de cette communauté d'existence étaient nées de douces habitudes entre les enfants des deux grognards, qui s'en applaudissaient et pensaient sérieusement à unir plus intimement encore le sang des vieux amis.

Mais enfin vint un jour qui précéda de quelque peu celui où commence notre histoire, un jour où un mauvais air souffla ses miasmes empestés sur la demeure du docteur. Des bruits vagues, poussés par je ne sais qui, mais honteux, mais flétrissants, circulèrent sournoisement autour de lui.

— Savez-vous, alla dire un jour M. Vandebeer à Bauvallet, ce qui se dit en ville?

— Non, répondit le grognard sans s'émouvoir : je ne m'occupe plus de ce qui se passe en ville, depuis que je vois qu'il est inutile et dangereux même de s'en occuper. Que me fait à moi l'idole du jour, puisqu'on a détruit la mienne !

— Aussi, n'est-ce pas de cette idole que je veux parler.

— Et de qui donc ?

— De votre ami le docteur Muller.

— Oh ! qui peut parler de lui ? répondit Bauvallet en redressant ses oreilles. Qui le connaît ici, excepté moi ? C'est un homme parfait qui vit dans la plus profonde retraite.

— Je sais tout cela, repartit vivement et hypocritement aussi Vandebeer. On peut le connaître cependant à Paris, ajouta-t-il avec beaucoup de calme, puisqu'il est militaire en retraite, annoté par conséquent dans les archives gouvernementales, décoré, et de plus, propriétaire, ce qui lui constitue une autre notoriété, dans son voisinage au moins.

— Eh bien, après ? dit sèchement Bauvallet.

— Mon Dieu ! comme vous dites cela ! répondit Vandebeer d'un ton patelin. J'aime autant, en vérité, que vous appreniez ces bruits-là d'autre part ; je l'aime d'autant mieux que je n'y crois pas, moi.

— Enfin, que dit-on ?

— On dit — pardieu ! que ne dit-on pas sur tout le monde ! — on dit que tous ceux qui ont mérité la croix d'honneur ne la portent pas, et que la royauté du jour ne le permet qu'à ceux qui ont bien mérité d'elle.

— Ah ! fit en tremblant le grognard dans le cœur duquel le coup venait de porter juste.

— On dit enfin, pour finir d'un seul mot, que le docteur a trahi son drapeau, puis déserté pour aller je ne sais où, et qu'on l'en a récompensé en lui donnant une forte somme qui a servi à l'achat de la maison de Montrouge, sans compter les rentes qu'elle a laissées dans ses poches, lesquelles rentes ne se trouvent pas ordinairement, dit-on, dans les fers de la captivité. Voilà tout ce qu'on dit : mais je n'en crois rien, moi, ajouta Vandebeer en clignant de l'œil, pour voir pâlir plus à l'aise son interlocuteur.

— Je n'en crois rien non plus, répondit Bauvallet aussi tranquillement qu'il put.

Mais il mentait. Il y croyait déjà un peu, et bientôt il y crut beaucoup, à force de ressasser cette nouvelle dans son esprit, en l'assaisonnant du dépit secret qui rongeait son cœur.

— Je ne préjuge rien, ajouta Vandebeer, après un instant de silence, mais, vous croyant au courant de tout, je venais vous ouvrir ma bourse, comme par le passé. Si donc, après avoir bien réfléchi, vous croyez devoir l'accepter ne vous gênez pas, elle sera toujours à votre service.

Et il partit, en riant sous cape. Il savait bien que le grain d'ivraie, qu'il avait semé, était un bon grain, et qu'il lèverait à souhait dans un terrain si bien préparé.

Le grain germa parfaitement, en effet, puis grandit à vue d'œil ; car, dès ce jour, l'amitié de Bauvallet baissa, jusqu'à ce qu'elle disparût tout à fait, étouffée par la semence de Vandebeer.

# VII

## UNE PIERRE DANS LE CHEMIN

Dès ce jour donc, ses visites au *Moulin janséniste* ne furent plus journalières. Elles s'éloignèrent insensiblement, sans que le docteur pût
en deviner le motif, tant Bauvallet se fît discret ;
et, à l'époque de l'affaire Pillot, elles avaient
complétement cessé.

Il est probable que ce fut cet oubli de l'amitié qui combla la coupe d'amertume et de colère,
qui était servie depuis longtemps au docteur,
et que la mesquinerie taquine de Pillot ne fut
que la goutte d'eau qui la fit déborder.

Mais si l'amitié des deux amis bronchait, l'a-
mour de Félix ne faiblissait pas. Félix fut le dernier à s'apercevoir du froid de Bauvallet pour
son père qui se garda bien de le lui faire remarquer. Aussi continua-t-il ses visites comme
d'habitude.

Un jour vint pourtant où Paula eut avec lui plus de réserve que d'ordinaire, puis quelques caprices, puis un peu de bouderie, puis des brusqueries inconcevables. Bauvallet, de son côté, ne parut plus pour lui ni un bon père, ni un ami. Qu'y avait-il donc? Pourquoi cette conduite inaccoutumée?

Félix en devint très-inquiet. C'était cette inquiétude qu'il rapportait au logis depuis quelque temps, et qu'il n'osait pas avouer à M. Muller qui s'en tourmentait vivement, comme nous l'avons vu.

Le temps de répondre aux questions de son père venait cependant rapidement. Mais que dire? que faire? comment dévoiler ses craintes? Comment demander à son père pourquoi l'on ne parlait plus ni de Paula, ni de Bauvallet? Pourquoi ne disait-on plus rien du mariage projeté? Pourquoi ne parlait-on plus que de vengeance, que de serments horribles?

Pauvre Félix!

Il fallait pourtant répondre. Mais avant de faire la réponse attendue, il voulut sonder le terrain chez Bauvallet, savoir là pourquoi la vie d'aujourd'hui n'était plus celle d'autrefois.

Il s'achemina donc, un matin, vers le petit logement de la rue de Sèvres, à l'heure où il pensa trouver Paula seule. Sa figure était inquiète, animée pourtant, car elle reflétait une conversation vive et pleine de trouble, qu'il faisait avec ses affections en révolte dans l'intimité la plus reculée de son cœur. Sa démarche était lente et parfois saccadée ; parfois aussi il s'arrêtait pour respirer plus à l'aise, et pour répondre avec plus d'ardeur à ses discussions intimes. Il baissait la tête, comme s'il eût craint d'être distrait.

Il le fut pourtant tout à coup par une main qui le saisit vigoureusement au bras, et par une voix qui lui cria joyeusement : Halte-là !

Félix releva la tête avec hébétude ; mais il se remit bientôt en reconnaissant son malencontreux interrupteur.

C'était Joseph Rousselet.

Joseph était encore un pauvre diable que la conscription de l'empire avait arraché à ses foyers et à sa profession, pour le laisser retomber dans les débris de l'armée de la Loire, qu'il avait dû quitter, comme les autres, à son licenciement. A ce titre, il était dans la misère ; à ce titre aussi, il était un habitué de la maison Bauvallet.

Ce fut là que Félix le connut. D'habitude, il n'était pas aussi gai. Il avait plus souvent le

6

sarcasme et la malédiction sur les lèvres que l'air jovial de ce matin.

Il n'était pas seul ; et, comme Félix regardait d'un regard étrange le compagnon de son ami, Joseph se prit à rire d'un rire haut et bruyant.

— Là ! ce que c'est que les amoureux, s'écria-t-il. On dirait, mon pauvre Félix que tu reviens de l'autre monde. Parbleu ! c'est moi, c'est bien moi ! et celui-ci, ajouta-t-il en montrant son compagnon, celui-ci est ton ami Louis-Pierre. Je dis : ton ami, car c'est le mien, et l'on m'a toujours dit que les amis de nos amis sont nos amis.

La loquacité de Joseph devint intarissable, au milieu d'une gaieté qu'expliquaient suffisamment quelques larmes alcooliques qui brillaient dans ses yeux. Félix le laissa dire pendant quelques minutes, qui lui servirent grandement à reprendre complétement son aplomb.

— Où vas-tu donc ? dit-il enfin au joyeux bavard.

— Je ne sais, répondit celui-ci : je noce aujourd'hui, parce que demain je travaille.

— Ah ! enfin ! je t'en fais mon compliment.

— Oui, n'est-ce pas, ce n'est pas dommage. Depuis... Oui, combien y a-t-il de temps que je ne travaille pas, et que je mange le pain des amis, de Louis-Pierre comme des autres ? Ai-je seulement travaillé depuis que je suis redevenu pékin ? je n'en sais, en vérité, rien. Foin de la conscription, qui m'a pris bon peintre en décors, et qui m'a rendu un misérable barbouilleur ! m'a-t-on dit du moins partout. Enfin !... connais-tu le père Samuel Vandebeer ? oui ? non ? Eh bien, c'est lui qui est venu le plus solidement à mon aide dans cette mêlée-là, et qui, en fin de compte, m'a fait embaucher hier. Ah ! c'est un bien brave homme que le père Samuel ; c'est la providence des affamés. Là où il y a du bien à faire, on le trouve.

— Enfin, demain tu travailleras, dit tout à coup Félix, qui n'était pas fâché de terminer une conversation qui avait si mal à propos interrompu la sienne, et qui retardait la visite qu'il allait faire... Bien loin ? ajouta-t-il machinalement, en serrant la main de son ami, comme s'il lui disait adieu, et faisant un pas pour le quitter, sans attendre une réponse qu'il n'attendait pas, tant son esprit était là où son corps n'était pas.

— Ah ! voilà... répondit Joseph, en retenant la main de son ami qui ne put partir, et regardant autour de lui, comme s'il eût craint d'être entendu. C'est un mystère entre le patron, à ce qu'il paraît, et un richard qui veut faire décorer un petit boudoir à la campagne, pour y recevoir le tendre objet de son amour. Le nom de l'amoureux aux écus, je le sais, je l'ai surpris , c'est un monsieur Parseval qui demeure sur un boulevard que je ne te nommerai pas, mais où le susdit est parfaitement inconnu.

C'est là probablement un de ces affreux pseudonymes qui peuplent tout Paris, depuis la visite de *nos alliés* surtout. Si j'osais, je dirais bien, moi, qui c'est, car je le sais... Mais non, *nos alliés* m'en voudraient. Je crois pourtant que c'est un des leurs qui est revenu de Londres, de Saint-Pétersbourg, de Berlin ou d'ailleurs, tout exprès pour me faire décorer le petit boudoir ; et de plus, je crois bien, si je ne me trompe, que c'est pour la Carlotta. Hein ! qu'en dis-tu, Louis-Pierre, toi qui la connais ?

Louis-Pierre ne répondit pas ; mais ce nom de la Carlotta parut réveiller Félix.

— La Carlotta, cette Laïs si chère aux riches débauchés du jour, cette fleur flétrie par les immondes de l'invasion, trouve encore un chevalier qui ose faire décorer pour elle le boudoir de l'amour ! Ah ! où allons-nous, grand Dieu ! s'écria Félix, qui croyait épurer par sa diatribe courroucée un parfum qui lui était cher

et qu'il voyait corrompu par une courtisane.
La Carlotta!... ajouta-t-il avec un suprême dédain.

— Eh bien, quoi, la Carlotta? riposta vivement Joseph. C'est peut être la meilleure femme
du monde : c'est, en tout cas, la plus belle
femme du monde, une femme dont parle tout
Paris. Tous les grands seigneurs, tous les riches
financiers, tous les lions à noble crinière l'ado-
rent et se jettent à ses pieds, mais en esprit et
non en vérité, et de loin encore, car autrement,
bernique! c'est défendu. Ah! c'est qu'il y a du
mystère dans cette femme, un grand mystère.
On ne la voit pas d'abord, jamais ; c'est comme ça.
C'est peut-être un *chic* de sa part, et c'est habile
car ça réussit diantrement bien. On raffole d'elle ;
c'est du bon genre dans la haute société d'avoir
l'air de la connaître. J'ai vu ça, moi qui te parle ;
j'ai vu quelquefois le matin, de grand matin,
des riches calèches armoriées, arrêtées à sa porte,
à la file, quoi! comme si l'on était à ses pieds.
Mais point : il n'y avait rien que la voiture dans
la rue. Les sots !

Eh bien, moi je te le dis, Félix, j'estime
cette femme-là. Mais parle donc, Louis-Pierre !
dit le verbeux Joseph à son silencieux compa-

gnon : dis donc ce que tu sais. Ah ! c’est à pleurer d’admiration.

Et Joseph se moucha bruyamment, puis, s’essuya les yeux, pendant que Louis-Pierre, qui était sellier, raconta que tout récemment un grand duc vint acheter chez son patron le plus beau carrosse qu’il put trouver, et que lui, Louis-Pierre, fut chargé de le conduire chez madame la comtesse Carlotta, comme si elle l’eût commandé elle-même. Il lui remit en même temps la facture acquittée.

— Je n’ai point commandé de voiture, et je n’en ai pas besoin, fit dire madame la comtesse, qui renvoya la voiture et la facture dans laquelle il y avait pour le commissionnaire un louis de vingt-quatre francs.

— Et voilà ! As-tu bien entendu, Félix ? elle refuse, et elle donne un louis. Oui, c’est à en pleurer d’admiration, dit de nouveau Joseph. Cette femme, quoi qu’on en dise, est une femme comme il n’y en a pas : aussi, je ne suis pas étonné qu’on lui fasse décorer des petites maisons de campagne. Tiens, vois-tu, moi, si j’étais riche !... Mais non, je ne suis que peintre en décors : eh bien, en cette qualité, je suis très-content de travailler pour elle.

— C'est donc pour elle décidément? dit Félix.

—Ah! dame! pour cela, je n'en sais rien. Je dis seulement qu'elle le mérite, et alors j'ai pensé... mais c'est peut-être pour une autre.

Ce mot était bien innocent, et pourtant il mordit vivement Félix au cœur.

— Allons, bon voyage! dit-il brusquement à Joseph, qui lui serra la main et le retint pourtant encore un instant.

— Et toi, où vas-tu donc? lui dit Joseph. Ah! je sais : chez le père Jean. Mais il n'y est pas le père Jean : il n'y est jamais à cette heure, tu le sais bien, sournois, ajouta-t-il malicieusement, en clignant de l'œil. Paula ne doit pas être seule pourtant, car j'ai vu entrer dans sa maison *monsieur* Durocher, tu sais M. Robert Durocher. C'est drôle, eh bien, je n'aime pas ce monsieur-là, moi ; et toi, Félix? D'abord on ne sait pas ce qu'il fait... rien, je crois, et il est riche comme Crésus. Ce n'est pourtant pas à l'armée qu'on apprend à devenir comme ça, quand on y est arrivé pauvre, et qu'on en sort pauvre. A moins qu'habitué à faire faction aux portes de la gloire, ajouta Joseph en se rengorgeant comiquement, on ne trouve pas trop mauvais de faire sa garde aux portes de l'amour. Pouah! fit-il. Mais parle donc, Louis-Pierre, toi qui en sais si long !

Louis-Pierre se contenta de sourire.

— Adieu ! dit Joseph à Félix qui parvint en ce moment à tirer sa main de celle de son verbeux ami, et partit en toute hâte.

Il était pressé d'arriver, car il était vivement piqué par l'aiguillon de la jalousie. Lui aussi n'aimait pas Robert, et il savait pourquoi : sa haine n'était pas instinctive.

Robert Durocher était un des nombreux protégés du bienfaisant Vandebeer. Vandebeer l'avait proclamé lui-même le jour de la revue de la légion du comte de Sainte-Hélène, sur la place du Carrousel. Comme Joseph, comme Bauvallet, comme bien d'autres, il était un des débris de l'armée de la Loire. Mais plus chanceux que bien d'autres, il avait pu trouver une place au banquet des heureux du monde.

Il était souple, ingénieux, de mœurs et de convictions mal arrêtées.

Samuel Vandebeer avait facilement deviné cet homme : aussi, s'était-il chargé volontiers de le lancer dans le chemin de la fortune. Robert y marcha bien, car il devint riche, il le paraissait, tout au moins : et pourtant on ne lui connaissait aucune industrie lucrative.

Il avait ses entrées franches chez Bauvallet, en sa qualité de camarade d'infortunes militaires. Mais il en profita peu d'abord, car il n'aimait pas fréquenter les pauvres. Depuis quelque temps pourtant il était redevenu plus assidu au logis du vieux grognard.

Félix ne fut pas le dernier à s'en apercevoir, et il remarqua aussi que les visites de Robert se faisaient le plus souvent lorsque Paula était seule. Avait-il un but secret, inavouable? rien ne l'indiquait. Il était respectueux avec la jeune fille, d'une discrétion rare, qui ne se démentait par aucun mot, par aucune allusion risquée. Ses conversations ne roulaient jamais que sur le bonheur de l'opulence, et sur ses plaisirs. Il en retraçait des tableaux de main de maître, avec un entrain séduisant.

Un auditeur, moins compromis que Félix, eût trouvé Robert fastidieux, comme un diapason qui donne continuellement le même ton. Mais Félix, lui, le trouvait cruel et dissimulé, car il le voyait tendre vers un but qu'il atteignait insensiblement, celui de jeter Paula hors de sa voie. Paula, en effet, devenait plus soucieuse après le départ de Robert.

Tous ces souvenirs donnèrent des ailes à Félix, qui arriva bientôt au logis de Beauvallet, bien décidé à terminer ce matin-là ses tourments par une explication franche et péremptoire.

## VIII

UN BEAU JOUR APRÈS L'ORAGE

L'explication que voulait Félix n'arriva point
à propos, car ce jour-là même le calme des
heureux était loin de se trouver au foyer de Bauvallet.

Bauvallet était jeune encore, vigoureux, et ca-
pable d'un bon service. Mais la société ne voulait
pas de lui : elle lui refusait obstinément le pain
du travail. Le démon de la misère était donc
toujours à ses trousses. Moins méticuleux dans
sa conscience, qui lui défendait de s'asseoir à la
table d'un renégat, il eût pu vivre jusqu'à la fin
de ses jours du pain de son ami Muller.

Il ne mourut pas de faim pourtant, parce que
Vandebeer vint encore à lui, comme il y était
venu avant la rencontre des deux grognards.
Mais Vandebeer ne donnait pas sans raison. Bien
qu'il donnât délicatement, il donnait à son heure,

et quelquefois il paraissait oublier de donner.

Lors de la visite matinale de Félix, il y avait plusieurs jours déjà que cet oubli durait, au grand dommage de la petite famille qui jeûnait en attendant, désespérée dans la crainte que cet oubli ne fût éternel.

Robert cependant n'avait point discontinué ses visites, peut-être même les avait-il multipliées. Mais il n'avait point cherché à consoler ses amis en abordant des questions en harmonie avec leur position présente. Il n'avait cessé, comme d'habitude, de glorifier l'opulence et ses dîners splendides.

Il faut convenir pourtant que, pressentant la gêne de ses amis, il avait offert sa bourse. Mais Bauvallet était fier. Il ne voulait pas devoir à tout le monde. Devoir au riche Vandebeer, son bienfaiteur en titre, c'était bien assez, trop peut-être. Tendre la main vers lui, ne l'humiliait plus. Mais Vandebeer ne venait pas.

Que faire?

Il résolut de se jeter de nouveau, avec le courage du désespoir, dans les rues de la grande ville, où tout rit, tout, excepté dans le secret des maisons, et d'aller de porte en porte, demander le pain du travail pour sa fille et pour lui.

Un peu donc avant que Félix n'arrivât, le

jeune vieillard, revêtu de sa longue redingote boutonnée militairement jusqu'au menton, frisant coquettement des doigts sa magnifique paire de moustaches grises, sortit de sa mansarde, pour aller à la recherche de cette manne qui avait fui sa main jusqu'alors. Mais il s'arrêta quelques instants à réfléchir sur le palier. Puis faisant un geste désespéré, il rentra.

— Non! dix mille bombes, non ! s'écria-t-il avec indignation. Plus de ça, caporal, je ne veux plus de ça.

Et, saisissant de ses mains robustes une chaise qu'il fit retomber bruyamment sur le parquet, il s'y assit cavalièrement, les deux bras appuyés sur le dos de son siége, et son menton sur ses deux bras. Il regarda fixement sa fille, qui était assise sur le bord de son lit, les bras croisés sur sa poitrine, la tête baissée sur son sein. Ses yeux étaient rouges et fixés vers la terre. Le regard interrogateur du grognard ne reçut pas de réponse.

— Car, vois-tu, Paula, ajouta le vieux de la vieille en continuant d'exhaler sa colère, c'est infâme cela, qu'un vieux soldat, criblé de blessures, soit réduit à crever de faim dans une mansarde, tandis que tant de pékins, tant de blancs-

becs... Oh ! sacrebleu ! la France doit être in-
dignée de cela.

La France, qui a vu, qui voit, et qui verra
bien d'autres infamies encore, n'entendait pas
le pauvre grognard aux abois. Il avait beau s'a-
giter, menacer du poing, des pieds et des yeux,
frapper sa chaise qui n'en pouvait mais. Tout ce
bruit infernal qu'il faisait finit par réveiller
Paula de son assoupissement léthargique.

— Chut ! mon père, lui dit-elle en relevant
la tête, et lui souriant tristement : qui nous doit
quelque chose ?

— Oui, tu as raison, fille, répondit Bauvallet
en calmant sa voix. A quoi sert de crier comme
un possédé, de faire l'orgueilleux ? On ne me
doit rien : c'est moi qui dois tout, à tout le monde,
à la société, comme à chacun de ses membres.
Oh ! oui, oui, on ne me doit rien à moi ; c'est
comme ça. Eh bien, j'irai alors, oui, j'irai men-
dier encore, pas pour moi, mais pour elle, pour
toi, ma Paula : car moi, vois-tu, si j'étais seul,
j'irais me planter au coin d'une borne, pour que
notre bonne mère la société daignât au moins
venir à mon aide, en me ramassant pour me
jeter dans quelque dépôt, en prison peut-être,
ou dans un trou, si j'étais mort. Enfin ! ....

Et le grognard, après avoir baisé sa fille au

front, sortit, l'œil en feu, la démarche assurée, pendant que Paula écoutait le bruit de ses pas, qui se perdait dans le lointain.

L'on ne pouvait plus rien entendre, que Paula écoutait encore. Les traits de son visage étaient allanguis, d'une pâleur mate et souffreteuse; sa gorge était desséchée; ses yeux s'injectaient de plus en plus; sa poitrine ne respirait plus que par secousse. Elle paraissait cependant écouter toujours : mais ce n'étaient plus les pas de son père, c'était la faim qui lui parlait de sa voix dure et atroce.

Depuis l'absence de Vandebeer, le pain n'avait pas manqué cependant dans le petit ménage de la rue de Sèvres ; mais depuis la veille il n'y en avait plus pour Paula. Elle avait imposé silence à ses entrailles, pour que son père s'aperçût un jour de moins de la profondeur de sa misère. Mais, à cette heure, les entrailles de la jeune fille criaient à la faim. Déjà abattue par mille émotions diverses, elle se sentit tout à fait défaillir. Elle se jeta donc sur son lit, et attendit là que le repos de ses membres et le sommeil, s'il était possible, vinssent refaire un peu sa vigueur engourdie.

Si elle dormit, elle n'en sut rien, mais elle rêva. Il lui sembla entendre la porte de sa cham-

bre s'ouvrir bien doucement, après qu'une main
légère eût frappé dessus, sans qu'on y répondît.
Elle vit alors, ou crut voir, une tête anxieuse
s'avancer mystérieusement et inspecter l'intérieur de la pauvre mansarde.

C'était une femme jeune encore, belle, qui
tenait un panier à la main. Elle entra. Elle tira
de son panier un pâté, puis un flacon de vin,
qu'elle déposa silencieusement sur la table. Sa
figure était rouge comme l'aurore. Evidemment
elle voulait parler ; elle venait pour cela, on n'en
peut douter. Parla-t-elle ? Paula n'entendit rien
dans son rêve. Mais peut-être cette jeune femme
était-elle satisfaite de trouver la chambre vide,
car elle se hâta de sortir. Elle sortit sur la pointe
du pied, plus vite, mais plus doucement aussi
qu'elle n'était entrée. La porte cependant fit un
petit bruit en se refermant.

— Qui est là ? s'écria Paula, en retrouvant quelque force dans sa peur, et sautant de son lit,
toute haletante de la douce émotion de son rêve.

Personne ne répondit ; mais elle vit alors
qu'elle n'avait pas rêvé : les provisions étaient
là, sur la table. Elle essuya ses yeux, toucha
le pâté, le vin, puis regarda autour d'elle, car
il lui avait semblé voir pendant son sommeil
une femme belle, bien belle... oui, il lui avait

semblé... douce illusion ! Mais qui donc savait qu'elle se mourait de faim ?

— C'est moi, mademoiselle Paula ! dit une tête souriante, qui s'avança en ce moment à la porte entrebâillée ; je venais pour voir papa caporal, mais puisqu'il est sorti, je reviendrai plus tard. En attendant, mangez et buvez à ma santé, ajouta-t-il gaiement, en montrant du doigt le pâté et le flacon de vin.

Puis, il sortit.

Paula n'eut pas le courage de répondre : elle rougit aux paroles de Robert. Le pâté venait de lui évidemment : l'apparition de la dame n'était qu'une illusion de ses sens engourdis.

Elle appuya ses deux mains sur la table, et se prit à contempler avec avidité les provisions si à propos venues. Robert n'avait rien dit, il était si discret ! mais le pâté parla éloquemment pour lui, car la faim l'écoutait. La jeune fille lui sourit avec hébétude ; puis, elle entr'ouvrit la porte pour écouter les pas de son père qu'elle appelait de tous ses vœux, mais qui était loin en ce moment. Elle se rapprocha de la table alors, dépeça le pâté, et apaisa sa faim. Puis, elle se prit à réfléchir.

Ce fut en ce moment que Félix entra. Il était inquiet, hors d'haleine, car il avait aperçu Robert qui marchait radieux dans la rue, comme un vainqueur en triomphe. Mais il ne le vit pas passant à côté d'une dame mystérieusement voilée, qu'il salua jusqu'à terre.

D'un regard Félix embrassa toute la petite mansarde ; il n'y vit rien de suspect que le bienheureux pâté qui était entamé assez grandement pour laisser soupçonner qu'il avait bien pu alimenter deux convives, Paula sans doute et M. Robert.

— Ah ! ah ! dit-il d'une voix étranglée et railleuse, M. Robert fait bien les choses.

Paula ne répondit pas : elle regarda Félix avec un peu de honte.

— Robert sort d'ici, n'est-ce pas, Paula ? ajouta-t-il.

— Oui, répondit simplement la jeune fille.

— C'est étrange, reprit Félix en regardant la pointe de sa chaussure avec embarras : j'aurais cru qu'il ne serait pas revenu ici.

— Pourquoi donc? dit Paula avec étonnement. C'est un homme bon, serviable, ami de mon père. Nous avons toujours du plaisir à le voir.

— Ah ! fit Félix, d'un ton piqué. Je sais qu'il est un homme très-aimable, très-joyeux, très-opulent, dans ses discours an moins ; mais je ne savais pas qu'une jeune fille honnête eût plaisir à le recevoir chez elle.

Paula regarda Félix avec deux grands yeux qui demandaient l'explication d'une accusation si violemment portée contre un homme qu'elle estimait, et dont les conversations titillaient toujours chez elle une corde sensible et pleine d'attraits. Félix se trouva fort embarrassé pour répondre, car il n'avait point appris à affirmer ce qu'il ne savait pas, et que savait-il de Robert qui fût à son désavantage, à part ce que sa jalousie lui suggérait contre lui?

— Mais enfin, que savez-vous de Robert? dit Paula d'une voix douce qui donnait confiance. Je le crois un honnête homme, moi, ajouta-t-elle.

— Moi, je ne sais, répondit Félix en hésitant.

— Comment, vous ne savez!

— Il n'est pas riche...

— Ce n'est pas un crime.

— C'en est un pour lui, car il veut faire croire à son opulence, l'opulence d'un grand seigneur, tandis qu'il n'est qu'un valet.

— Un valet! Après tout, ce n'est pas encore là un crime.

— Non; mais il est le valet d'une femme perdue que tout Paris montre au doigt, de la Carlotta.

— La Carlotta ! dit Paula avec stupeur : en êtes-vous bien sûr, Félix? qui vous l'a dit?

— Joseph.

— Joseph est un honnête garçon, répondit Paula en tirant de sa poitrine un profond soupir, mais ne s'est-il pas trompé? Je ne crois pas Joseph.

— Vous ne me croyez pas non plus, moi, repartit un peu vivement Félix.

— Sans doute, répondit Paula du même ton, puisque vous ne savez rien.

— Oh ! si, je sais bien quelque chose, reprit Félix, après un instant de silence, et avec une finesse railleuse.

— Que savez-vous donc? lui demanda la jeune fille, en le regardant avec un demi-sourire qui disait qu'elle l'avait deviné; qu'il ne s'agissait plus entre eux que d'une équivoque et non de Robert.

— Je sais qu'aujourd'hui n'est pas hier, dit Félix avec embarras. Hier j'étais l'ami de cette maison, le fils de Bauvallet, le frère ou plutôt le fiancé de Paula...

— Eh bien? répondit Paula d'une voix altérée, et en posant gracieusement sa main sur le bras de Félix.

— Eh bien, aujourd'hui je ne suis plus ici qu'un étranger.

Paula baissa la tête avec tristesse : quelques larmes roulèrent dans ses yeux. Puis, elle s'élança rapidement vers la fenêtre, au travers de laquelle elle sembla regarder en tambourinant de ses doigts sur les vitres. Elle avait entendu les pas de son père qui montait l'escalier.

— Et pourquoi? continua Félix dont l'ouïe n'avait pas la même perception que celle de Paula, en ce moment, de Paula, qu'il croyait écrasée sous le poids de sa culpabilité, en la voyant fuir. Pourquoi M. Bauvallet ne vient-il plus chez nous, comme autrefois? Pourquoi Robert est-il si souvent ici depuis quelque temps? Pourquoi les projets de nos pères paraissent-ils dormir dans l'oubli? Pourquoi?...

La porte de la mansarde s'ouvrit en ce moment, et Bauvallet entra, baissant tristement la tête. Il n'était pas difficile de deviner que ses démarches n'avaient point abouti.

Paula courut vers lui, et, l'embrassant avec effusion, elle lui montra de la main Félix : voici Félix, lui dit-elle. Consolez-le, père, et dites-lui que nos projets d'autrefois ne sont peut-être qu'ajournés.

Bauvallet regarda sa fille d'un air hébété. Il était plus sous l'influence des diverses péripéties de ses pérégrinations matinales, que sous l'influence des préoccupations de sa fille.

— Oui, reprit Paula, Félix demande pourquoi nos visites à son père ne sont plus aussi fréquentes.

— Pourquoi! répondit-il enfin. Dame! c'est que, vois-tu, caporal, la consigne... non, la hiérarchie... enfin, dit le grognard qui s'embrouillait fortement, ton père a été mon ami d'enfance, mon compagnon d'armes, mais lui, il a marché, marché... Il est décoré, et tout le monde ne l'est pas; il est riche, et tout le monde ne l'est pas; enfin... enfin, suffit, caporal! Moi, je ne suis qu'un pauvre diable, sans sou ni maille, et que tout le monde repousse; je ne dois pas... Tout le monde m'a repoussé, ma pauvre fille, ce matin comme toujours, dit Bauvallet, qui voulut sortir par cette diversion des explications pleines d'embarras dans lesquelles il se fourvoyait. Mais c'est égal, suffit! Nous verrons, caporal, ajouta-t-il en regardant Félix.

Félix écoutait le vieux grognard, les yeux baissés, et sans répondre. Il ne comprenait rien à ce langage, dont Paula, elle, comprenait très-bien le décousu.

— Mon ami, dit-elle à Félix qui avait perdu toute son assurance, mon père vous dit de ne pas désespérer, mais d'attendre.

— Oui! répliqua vivement Bauvallet. Quant à la décoration, ajouta-t-il avec plus de préoccupation que d'à-propos, ça ne te regarde pas ; tu n'es pour rien là : mais pour la fortune de ton père, j'y renonce. C'est la tienne que je veux. Deviens riche aussi, mais honnêtement ; travaille, et, par ma foi! tant pis, caporal! tu auras ma fille, si elle veut.

Paula assura qu'elle le voulait bien, en sautant au cou de son père qu'elle embrassa avec frénésie. Elle tendit ensuite la main à Félix qui sortit, le cœur plein de joie et de beaux projets. Il ne pensait plus à Robert, ni à son pâté, ni à Joseph, ni à la Carlotta.

# IX



Ce jour-là, Félix rentra de bonne heure au petit logement du *Moulin janséniste*. Son père était assis dans la cour, respirant le bon air des jardins qui l'environnaient. Il sourit à la figure épanouie de son fils, qui vint à lui en lui tendant les deux mains.

— Père, lui dit-il, vous m'avez demandé plusieurs fois pourquoi je rentrais tard, pourquoi j'étais silencieux avec vous, pourquoi j'étais préoccupé ; eh bien, je vais vous le dire : c'était parce que le père Beauvallet ne venait plus nous voir.

— Sais-tu pourquoi? demanda vivement le docteur.

— Non, mon père... Je n'ai pas, malgré cela, cessé mes visites; mais il était froid avec moi, je n'étais plus son fils : sa fille était bonne toujours, mais gênée parfois avec moi ; je n'étais plus, il me semblait, son fiancé. Pouvais-je être gai ? Je ne pouvais pas non plus être communicatif avec vous, mon père, parce que je pressentais qu'en vous racontant mes tourments, je ferais vibrer dans votre cœur une corde douloureuse. Je voyais, en outre, dans la maison de Bauvallet des allures toutes nouvelles. Les visites de gens, qui me sont antipathiques, s'y multipliaient ; leurs conversations étranges n'étaient pas relevées, et je trouvais qu'entre eux et Paula, il se glissait des mots mystérieux que je ne pouvais comprendre. Ah ! mon père, combien je souffrais alors ! Combien j'eusse été heureux de pouvoir vous confier mes chagrins, mes appréhensions ! mais je n'osais.

— Et aujourd'hui ? dit M. Muller avec un regard étincelant de curiosité.

— Ah ! aujourd'hui, je suis détrompé, heureux, car l'explication s'est faite. Je l'ai voulu, pour répondre à vos questions. Paula est toujours ma fiancée ; elle m'aime, et son père n'oublie pas vos projets d'autrefois.

— Il l'a dit ?

— Il l'a dit, mon père. Seulement il ne veut pas que je m'appuie trop sur vous, sur vos honneurs, sur votre fortune ; il veut que je ne compte que sur moi ; que je travaille et que je devienne riche seul, tout seul.

M. Muller devint pensif au récit de son fils. Il n'avait pas su jusqu'alors pourquoi son ami d'enfance s'était éloigné de lui, il commençait à le soupçonner, il lui semblait que Bauvallet était envieux de sa position.

— Il t'a parlé de ma croix et de ma fortune, dit d'une voix lente le docteur, qui pesait ses paroles. Est-ce ma faute, à moi, s'il ne porte pas la croix qu'il a si bien méritée ? Ma fortune ! Mais, il le sait, il ne pouvait pas l'acquérir, lui ; c'est le hasard qui me l'a donnée, et le hasard ne pouvait la donner qu'à un homme de la science. Ma fortune, d'ailleurs, je la partageais avec lui, pourquoi y a-t-il renoncé ? En tout cas, mon ami, ajouta le docteur, le conseil de Jean est bon : travaille et enrichis-toi. Or, pour travailler, deux voies s'ouvrent devant toi, celle du tourneur en bois, puis celle du chimiste : choisis !

— Je serai chimiste, répondit Félix, commerçant : par là j'arriverai plus vite à mon but.

— Peut-être, dit le docteur. Dès demain alors nous nous occuperons sérieusement de ton avenir de ce côté. Nous irons dans le quartier Saint-Denis : nous prendrons là une maison de chimiste droguiste, et nous y jeterons, je l'espère, les fondements d'une fortune enviable, même pour des hommes plus exigeants que l'ami Jean. Tu n'as pas oublié, sans doute, mon ami, les procédés de fabrication économique, que je t'ai enseignés, et que j'ai rapportés des Indes. Je compte là-dessus pour que tu puisses fonder une maison sans rivale. Tu pourras alors être riche sans la petite fortune de ton père. Mais surtout travaille, comme t'a dit l'ami Jean, puisque ton bonheur, à toi, ne tient qu'à cela.

Le docteur se tut alors : il avait d'autres pensées, sans doute, qui n'étaient pas semblables à celles qu'il exprimait en ce moment, car il baissa la tête, et décrivit du bout du pied des lignes incohérentes, qni témoignaient de l'embarras de ses sentiments.

— Et puis, ajouta-t-il après un instant de silence, lorsque le frottement du monde et des affaires t'aura dit qu'il n'y a rien de bon sur la terre ; que la vertu n'est qu'un masque ; que la méchanceté et le crime sont au fond de toutes choses, peut-être te rappelleras-tu alors notre carrefour des catacombes, ton père et ton serment.

Félix pâlit à ces mots, car son père le regarda en ce moment avec deux yeux brillants de haine et de vengeance. Pauvre Félix ! il avait oublié les catacombes et son serment, car il était bien loin de trouver le monde méchant et vicieux, depuis surtout qu'il avait serré la main de Paula, et que Bauvallet avait assuré qu'elle était toujours sa fiancée.

Son père cependant ne cessa de le regarder du même regard, qui avait un ton d'interrogation, et qui voulait, par conséquent, une réponse.

— Mais, mon père, dit alors Félix tout tremblant, comment puis-je haïr le monde et vous venger de lui?

— Dieu veuille que tu ne le saches jamais, mon ami! répondit M. Muller en adoucissant sa physionomie, et posant doucement sa main sur l'épaule de Félix. Aujourd'hui restons-en là, et songeons à ton bonheur, à toi, rien qu'à ton bonheur. Je ne suis pas un égoïste, et si mon fils n'a rien à haïr, rien à venger, je ne demande pas qu'il me venge, moi.

Félix allait répondre à son père, protester de son obéissance et de son dévouement; son père l'arrêta : Tais-toi, lui dit-il, car je ne te demande rien, que de ne point oublier ton serment. Pour l'heure de la vengeance, je ne la sonnerai pas; elle viendra seule : ainsi n'en parlons plus.

M. Muller se jeta dès lors avec tout le dévouement d'un bon père et d'un père résigné, dans la voie que voulait suivre son fils. Il ne parut plus avoir qu'une pensée : faire réussir Félix, et le voir heureux, quoique Félix vît le bonheur là où son père ne plaçait pas le sien.

Le lendemain donc de cette conversation, M. Muller se mit à l'œuvre avec autant de zèle que si les projets de son fils eussent été les siens. Mais le lendemain fut un jour néfaste.

On était en l'année 1819. Les armées étrangères étaient parties ; la France se trouvait l-vrée à elle-même. Elle eût dû dès lors être heureuse et ne s'occuper qu'à cicatriser ‘les plaies que lui avait faites la lourde épée des conquérants. Mais elle n'était point unie, il n'y avait pas de patriotisme chez elle ; beaucoup, alors comme toujours, ne pensaient qu'à leurs intérêts privés.

Les hommes du passé revenus au pouvoir, en cette année comme en l'année 1818, s'efforçaient de retourner vers le passé, en restaurant ses vieux errements, ses priviléges surannés ; en poursuivant et condamnant ses adversaires.

Ce fut alors qu'on mit en jugement les rédacteurs du *Libéral*, de l'*Homme gris*, de la *Bibliothèque historique*, pour avoir outragé les *régiments étrangers capitulés*.

Les hommes du présent, au contraire, voulaient qu'on marchât sans regarder en arrière, les yeux constamment fixés vers les différentes étapes de la perfection sociale.

Les deux camps avaient des partisans nombreux, disséminés partout. Le premier avait son principal point d'appui sur le gouvernement; le second se ralliait à la société des *amis de la liberté de la presse*, qui était pleine de noms généreux et connus.

Aussi, la lutte fut-elle vive, dans les esprits du moins, en attendant qu'elle le fût dans les rues : ce jour-là ne se fit pas attendre.

Dans la société des *amis de la liberté de la presse*, les chefs et la majeure partie des adhérents étaient des hommes expérimentés et prudents; mais avec eux il y avait des hommes jeunes, pleins de cette séve ardente qui ne calcule pas avec l'imprévu des dangers, et qui fait souvent les bons citoyens, il y avait la jeunesse des écoles. Cette jeunesse, évidemment, n'était pas redoutée du camp gouvernemental, car elle était la partie la plus facile à prendre de la société. Aussi la police avait les yeux continuellement ouverts sur elle, et l'on n'attendait pour sévir contre elle qu'une occasion qui ne pou-

vait tarder de se présenter. Cette occasion vint
en effet bientôt.

Un professeur distingué, M. Bavoux, faisait
en ces jours-là, à la faculté de Paris, un cours
de droit criminel. M. Bavoux, qui était un
homme de progrès, eut le malheur d'émettre
un jour, dans sa leçon, quelques propositions
malsonnantes aux oreilles du pouvoir. Les élè-
ves les couvrirent d'applaudissements ; mais elles
furent huées aussi par quelques voix : ce qui
fit naître un tapage indescriptible. On en profita pour fermer le cours.

Les étudiants en furent d'autant surexcités
dans leurs idées de résistance à la réaction.

Ils se réunirent par groupes pour protester,
et pour pétitionner contre cet acte de violence :
on les dispersa. Plus importants dès lors qu'on
les persécutait, ils s'éloignèrent du centre de la
ville pour se concerter sans être inquiétés. On
les vit se répandre sur le boulevard du Montparnasse, sur la route d'Orléans, sur la chaussée du Mane : mais la force armée les pour-
suivit partout.

Evidemment le docteur Muller n'était pour
rien en cette affaire. Sa grande affaire, à lui,
était pour l'instant, comme nous l'avons vu, de
préparer l'avenir commercial de Félix. Mais,

pour préparer cet avenir, il avait besoin de visiter sa petite maison de Montrouge, et surtout
ses catacombes.

Il s'achemina donc, le lendemain de sa conversation avec son fils, sur la chaussée du Maine,
où il passa, sans lever la tête et sans sourciller,
au milieu des groupes indisciplinés des étudiants
qui cabalaient publiquement et en plein air,
pour qu'on rouvrît le cours fermé, et se rendit
droit à sa maison. Il rouvrit de nouveau la porte
qui donnait sur les champs, et descendit avec
toutes les précautions voulues dans son laboratoire d'autrefois. Après avoir mis dans ses
poches quelques produits précieux, et sous son
bras, quelques ustensiles indispensables dans
les manipulations chimiques, il remonta aussi
prestement qu'il put.

Il était sur le dernier échelon de son échelle,
lorsqu'il entendit un coup de feu partant de sa
maison, ou, au moins, des lieux les plus voisins. Il vit en même temps une ombre passer
devant lui, puis la porte des champs se refermer
doucement.

Qu'y avait-il donc?

Il se hâta de faire disparaître les traces du
passage qu'il venait de parcourir, et courut au-
devant de sa maison, pour avoir des nouvelles. Un

fusil tout fumant encore gisait dans le vestibule. Il se baissa pour le ramasser ; mais il sentit, au même instant, une main rude qui le saisit au collet, tandis qu'une voix courroucée lui cria : Tu ne m'échapperas pas, misérable !

C'était un soldat qui parlait si vertement. Il n'était pas seul, la maison venait d'être cernée par une forte patrouille.

Cette patrouille était à la chasse des étudiants conspirateurs. Au droit de la maison du docteur Muller, un coup de feu avait été tiré sur elle ; il avait atteint un cavalier, qui avait été blessé, et son cheval, tué.

Le docteur, bien entendu, était le coupable. Comment le nier ? il avait encore en main l'arme meurtrière. Son air d'hébétude aux premières paroles de ses accusateurs ; son indignation, quand il vit qu'il n'était pas cru ; sa rage concentrée, quand il se vit ignominieusement traité par une soldatesque en fureur, ne lui servirent à rien. Il était le coupable ; on le maltraita, et la patrouille, après avoir fouillé la maison, où elle ne trouva rien de ce qu'elle cherchait, le plaça au milieu d'elle pour l'emmener, comme un malfaiteur, en prison.

Pauvre docteur ! comme il eut regret alors de n'avoir point anéanti le monde sous le poids de sa vengeance, ce monde inepte, arrogant, injuste et cruel, qui n'est bon qu'à torturer des innocents, lorsqu'il ne sait pas trouver les coupables.

Le jour même, on retrouva sur la chaussée du Maine un fragment du papier qui avait servi à bourrer le fusil. Il était couvert de l'écriture du docteur Muller.

## X

## EN ATTENDANT

Personne n'avait vu le docteur Muller dirigeant le canon de son fusil sur les soldats, mais personne ne douta pourtant de sa culpabilité. Chacun seulement l'apprécia à son point de vue.

Félix cependant faisait les plus beaux rêves en attendant le retour de son père. Il attendait avec impatience, les deux bras appuyés sur la fenêtre de sa chambre, et les yeux tournés vers la rue, car il attendait le premier chapitre du bonheur qu'il rêvait.

Ce ne fut pas son père qui vint à lui, ce fut un inquisiteur de la justice, qui lui signifia, *au nom de la loi*, de lui remettre tous les papiers de son père, de lui ouvrir ses meubles, et de lui révéler tous ses complots.

Ces mots étaient trop étranges pour que Félix pût les comprendre ; mais il fut bientôt mis au courant des faits. Il protesta fièrement alors et vigoureusement de l'innocence du docteur, de son éloignement habituel de la politique et de ses cabales ; il déclina tout au long, avec la naïveté de l'homme vrai, les véritables projets de son père, en jurant énergiquement qu'on se trompait sur lui.

L'homme de la loi sourit d'incrédulité, tout en donnant son admiration expressive à la conviction du bon fils, puis il intima de nouveau l'ordre qu'il avait formulé en arrivant.

Tout fut fouillé, inspecté minutieusement, les écrits lus et relus ; mais on ne trouva rien de suspect, que le brevet de la Légion d'honneur, qui conférait la croix au docteur Muller. La signature était une signature impériale ; donc l'impérialiste Muller avait intérêt à tirer sur les soldats du roi ! donc il avait tiré ! Telle fut la conclusion que le commissaire royal trouva dans son esprit. Ce fut aussi celle qui fut exprimée dans le rapport à la justice.

L'inquisiteur judiciaire avait à peine quitté le petit logement du *Moulin janséniste*, qu'une foule de jeunes gens déboucha dans la cour, pour apporter ses condoléances au pauvre Félix, qu'elle trouva assis sur une chaise, la tête cachée dans ses deux mains, et pleurant amèrement. Il ne se leva qu'au contact d'une main amie, qui s'appuya sur son épaule. en lui montrant la jeunesse sympathique qui vint lui serrer cordialement les mains.

— Monsieur Félix, lui dit alors l'excellent Lhoyez, car c'était lui, votre malheur est grand, mais il n'est pas irréparable. En attendant que justice soit rendue à votre père, vous resterez ici. Ma table vous sera ouverte tous les jours, car votre père est un homme bon et loyal, et vous ressemblez à votre père.

Félix ne put répondre, mais il embrassa avec effusion M. Lhoyez, et remercia ses visiteurs de leur vive sympathie par ses larmes.

Le bruit de la sinistre nouvelle se répandit en un clin d'œil dans tout Paris, grossie démesurément, comme il est d'usage en ces sortes d'affaires. Tout le quartier du Maine fut sillonné en tous sens, le reste du jour, par une foule de patrouilles qui chassaient devant elles les attroupements qui ne cessaient de crier : Vive Muller ! Un peloton de cavalerie stationna en face de la petite maison coupable, pour écarter les curieux, et plus encore les dévots politiques qui venaient là en pieux pèlerinage.

Félix cependant ne bougea pas : il resta immobile chez lui, ne sachant à quoi se résoudre, anéanti, les yeux rougis du feu des larmes, le cœur oppressé par le poids de ses pensées sinistres.

Le bon Lhoyez ne put l'arracher de son abattement, ni l'entraîner chez lui, ni lui faire accepter quoi que ce fût. Il le laissa donc seul, pensant que cette douleur si vive et si naturelle avait besoin de s'épancher dans le silence de la solitude.

La première pensée de Félix avait été une larme, la seconde fut le souvenir du serment qu'il avait juré dans les mains de son père. Le temps, en effet, était bien venu d'obéir. Mais hélas! si jurer n'était pas difficile, frapper était bien autre chose. Comment donc faire? Pauvre Félix, il était bien peu savant dans l'art de la vengeance !

Ira-t-il se jeter sur les patrouilles qui ont si durement souillé l'honneur de son père? Les attaquera-t-il ouvertement ou dans des embuscades, le soir, la nuit, derrière une haie, au coin d'une muraille? Folie ! A quoi cela le conduirait-il? à rien autre chose que d'être massacré sans profit pour son père.

Prendra-t-il le poignard ou le pistolet du vengeur pour se ruer sur ceux qui ont ordonné l'arrestation du docteur, ou sur ceux qui le retien-

nent ? Mais qui donc attaquer ? une armée ! Cette
voie ne pouvait conduire à rien encore, qu'à
l'échafaud. Seul ! il était seul contre tous.

Le soir vint et le trouva dans une agitation
indicible. Il en fut distrait par l'arrivée d'un
homme, qui avait frappé à sa porte, et était
entré sans qu'on lui répondît. C'était un vieillard.

— Monsieur dit le vieillard, je sais votre
malheur. La rumeur publique me l'a appris, et
je viens y apporter quelque adoucissement, s'il
est possible. Je suis un ami de Bauvallet, je m'appelle Samuel Vandebeer. J'ai été assez malheureux, monsieur, pour savoir compatir à la
douleur des autres, et je suis assez riche aujourd'hui pour pouvoir être utile à ceux qui ont
besoin.

La voix de Vandebeer était sérieuse et sympathique, le jeune homme l'écouta avec étonnement et plaisir en même temps, mais sans répondre ; il attendit.

— Vous êtes riche, monsieur, ajouta Vandebeer, du moins vous étiez riche avec votre père ;
mais votre père n'est plus là. Votre maison vous
sera peut-être à l'avenir d'un faible rapport, et
je ne crois pas que le docteur Muller, que j'ai
l'honneur de connaître beaucoup, ait grandement

thésaurisé. Je suis donc à vos ordres, monsieur Félix, quand et autant qu'il vous plaira.

— Merci, monsieur! répondit tranquillement Félix, qui trouva la proposition étrange, étant bien loin de penser qu'il aurait besoin de secours de cette sorte.

— Vous ne resterez pas ici seul, je le crois du moins, reprit Vandebeer; vos amis vous appelleront chez eux, Bauvallet peut-être tout le premier, et, en vérité, je crois que désormais votre place sera là. Mais Bauvallet est pauvre, et quand vous y aurez bien réfléchi, vous verrez que vous ne pouvez pas lui donner l'aisance.

—Merci, monsieur! répondit de nouveau Félix, je n'ai besoin et je crois que je n'aurai à l'avenir besoin de rien. Mon père d'ailleurs reviendra certainement bientôt, car il n'est pas coupable.

— Je le crois, monsieur, repartit le vieillard; mais ce que la police, et surtout la police politique, qui n'est presque jamais une police patriotique, mais une police personnelle, ce que cette police-là tient, elle le tient bien. Vous êtes si jeune encore, il est vrai, que vous ne savez pas cela; mais je le sais, moi, votre père le sait évidemment aussi bien et mieux que moi. Si vous regardez là-bas, dans le monde, vous ver-

rez que partout les passions sont vives et ardentes, injustes par conséquent et mauvaises con-
seillères ; si vous regardez là-haut, vous verrez
que la réaction gouvernementale se targue de
terreur.

L'esprit public sera certainement pour le docteur ; son éloge sera sur toutes les lèvres ; son
innocence sera proclamée partout, excepté pourtant là où il serait utile qu'elle le fût, dans le ca-
binet des rois du jour. Eh bien, plus on dira de
bien de votre père, plus la réaction puissante
serrera ses chaînes ; plus on chantera ses louan-
ges et son innocence, plus ses adversaires le
noirciront, croyez-le bien, car cette réaction-là
est sans pitié. Ne sachant où prendre ses invi-
sibles et peut-être trop nombreux ennemis,
elle ne relâchera pas ceux qu'elle tient : elle les
châtiera durement, pour semer l'effroi partout.

Je suis fâché, bien fâché, monsieur, ajouta
Vandebeer, de vous dire tout cela. Ce n'est pas
pour jeter la désolation, sur votre désolation, car
Dieu veuille que je me trompe ! mais c'est pour
vous faire comprendre que vous ne devez pas
repousser les offres désintéressées de l'ami le
plus pur.

Félix écouta, la tête baissée, sans répondre.
Sa poitrine se soulevait violemment, sa respira-

tion était bruyante comme le sifflement d'un vent d'orage.

— En tout cas, ajouta le vieux Samuel, le procès de votre père se poursuivra ; il vous faudra bien faire alors quelques démarches en sa faveur. L'innocence a besoin de protection comme la culpabilité ; il vous faudra donc un appui sérieux. Je vous offre ici mes services : ils ne sont point à dédaigner, je vous le jure.

Mais lorsque la justice traduira votre père devant ses tribunaux, oh ! là, il vous faudra un défenseur, et de l'argent pour ses honoraires, car chez nous la justice n'est pas gratuite. Bien que votre père soit innocent, il aura besoin de faire briller son innocence par une belle voix, par de belles phrases, par de bonnes raisons : il vous faudra donc alors un défenseur bien autorisé, et pour cela beaucoup d'argent. Cet argent, je puis vous l'offrir encore.

— Tout cela est vrai, répondit Félix en gémissant, et relevant la tête vers son interlocuteur, mais mon père y pourvoira.

— Votre père ! que pourra-t-il faire dans sa prison, si vous ne venez à son aide ? Tenez, mon jeune ami, dit Vandebeer en étalant devant le jeune homme quelques billets de banque, prenez cela, agissez, et n'en parlons plus. Ce sera peut-être la vie de votre père.

— Non, non, répondit Félix avec une grande peine ; je ne veux pas accepter ce que je ne suis pas sûr de pouvoir rendre. Oh ! mon pauvre père ! s'écria-t-il.

— Que m'importe, dit Vandebeer avec un bel élan, que vous me rendiez ou non. En tout cas, vous me rendrez ces billets quand vous serez riche.

— Riche ! dit douloureusement Félix.

— Si alors je ne suis plus de ce monde, continua Samuel, vous vous acquitterez envers moi, en faisant à d'autres ce que je fais pour vous aujourd'hui.

— Oh ! mon père, mon père ! s'écria Félix.

Puis il réfléchit, il commençait à se rendre. La générosité de Vandebeer l'avait séduit.

— Mais, dit-il après un instant de silence, c'est un emprunt.

— Comme vous voudrez.

— Et un emprunt à court délai.

— Peu m'importe, je vous l'ai dit.

Félix se prit à réfléchir encore, puis il dit tout à coup : Quand pensez-vous que mon père sera jugé ?

— Je ne sais, dans un mois, deux mois

peut-être. Oh! ils iront vite, soyez-en sûr.

— Eh bien, dans deux mois, je vous rendrai, ou plutôt mon père vous rendra cette somme.

Et Félix se mit à écrire la reconnaissance de sa dette sur un papier qu'il tira des cartons du docteur.

— Mais... que faites-vous donc? lui dit Samuel avec étonnement.

— Je reconnais vous devoir cinq mille francs, dit-il en comptant les billets.

— A quoi bon? repartit Samuel. N'êtes-vous pas un homme de cœur? qu'ai-je besoin dès lors de votre signature? je n'en veux pas; car je ne serais plus pour vous qu'un banquier, et je veux être votre ami.

Félix rendit les cinq billets de banque, et prit son papier qu'il se mit en devoir de déchirer.

— Merci, monsieur, dit-il : je vous estime trop pour ne pas chercher à me mettre à votre hauteur.

— Enfant terrible! s'écria Vandebeer en retenant la main du jeune homme : faites donc alors ce qu'il vous plaira.

Puis il partit, en serrant la main de son jeune protégé. Son cœur était plein de pensées tumultueuses et il était si préoccupé, qu'il n'aperçut pas un homme qui passa près de lui dans la cour, sans paraître le reconnaître non plus : c'était Bauvallet.

Bauvallet entra précipitamment dans le logement de son ami, où il ne venait plus depuis longtemps. Son malheur, qu'il venait d'apprendre, l'y ramenait avec toute la vivacité de son affection d'autrefois.

Il ne trouva aucun mot à dire en entrant. Félix et lui se précipitèrent dans les bras l'un de l'autre, en poussant des sanglots. Bauvallet n'avait qu'un cœur à donner, il le donnait tout entier.

— Viens ! dit-il au jeune homme, après le premier épanchement de sa douleur : Paula t'attend. Tu dois rester chez moi, jusqu'à ce que justice nous soit rendue. Viens, mon fils !

Et ils partirent ensemble.

Félix fit bien, car quelques jours après l'événement de la chaussée du Maine, les locataires de sa petite maison importunés des visites des curieux, et effrayés des démonstrations continuelles qui se faisaient autour d'elle, l'abandonnèrent. Puis, un beau jour, elle fut brûlée, ruinée de fond en comble dans une lutte acharnée que les maladroits partisans du doc-

teur eurent à soutenir contre une meute d'amis
trop zélés du pouvoir.

Félix se trouva donc bien heureux d'avoir
alors aux ordres de ses besoins l'amitié de Bauvallet et de Vandebeer, car il était véritablement
pauvre à cette heure et sans autre appui. Les
ruines amoncelées sur l'emplacement de sa maison n'avaient plus aucun revenu à lui offrir.

Auquel de ses deux serments des catacombes
pensa-t-il en ce moment?...

XI

## LA DAME DE LA RUE DU BAC

Vandebeer, comme il l'avait promis, développa toutes les ressources de sa bienveillance pour Félix. La malheureuse affaire du docteur devint son affaire. Il alla de porte en porte solliciter pour lui. Il frappa aux salons de tous les palais ; il se présenta aux plus modestes maisons, mais là où il y avait de la puissance ; il entra sous les portiques où il vit écrit en lettres de feu : Pouvoir et bienfaisance, comme il se glissa sous les poternes les plus mystérieuses des puissances occultes.

Mais il n'obtint rien. Ses raisons étaient mal venues partout. On ne voulait nulle part se compromettre pour un ennemi du bien public, on avait peur... ou peut-être, disait humblement Vandebeer à Félix, suis-je un homme mal habile qui ne sait pas gagner une bonne cause. Je ne me regarderai pourtant point comme vaincu, ajouta-t-il en souriant, tant qu'il me restera une porte où aller frapper, et il m'en reste une, une seule, il est vrai.

Cette porte, il ne l'indiqua pas ; elle était son secret du moment. Il s'y présenta.

C'était un matin : une animation singulière régnait vers le haut bout de la rue du Bac, tout près de la rue de Sèvres. Une foule d'élégants coupés, tout confits d'armoiries à moitié cachées, se croisaient continuellement là, sans s'arrêter un instant. C'était comme un tournoi. Seulement les champions ne se battaient et ne se tuaient pas : chacun paraissait n'avoir à tâche que de se montrer, en faisant mine de vouloir stationner devant une belle porte cochère qu'il ne faisait que regarder.

Rien n'indiquait qu'il y eut fête à cette porte. Elle était parfaitement fermée à cette heure matinale, et toutes les fenêtres correspondantes étaient closes au grand complet, pour défendre sans doute l'intérieur des appartements contre les bruits du dehors, qui auraient pu réveiller les bienheureux qui dormaient là.

Il y avait dans ce chassé croisé d'armoiries, comme on doit bien le penser, un grand problème à résoudre pour les voisins les plus matineux, qui ne voyaient que depuis quelques jours cette démonstration blasonnée. Aussi, s'ingéniaient-ils naturellement à comprendre, car enfin rien ne paraissait changé dans la maison susdite, ni aux environs.

Cette maison contenait bien, il est vrai, disait-on, un nouveau locataire depuis quelques mois, lequel locataire était une femme jeune, et fort belle sans aucun doute, veuve apparemment, mais ne sortant jamais, à moins d'être impénétrablement voilée; ne parlant à personne; ne recevant personne, ou à peu près, et n'ayant pour tout équipage qu'un petit domestique muet, on le croyait, une sorte de groom funèbre, noir de la tête aux pieds.

Ce fut là qu'alla frapper Vandebœer.

— Madame la comtesse de Lusigni? demanda-t-il au concierge qui, après l'avoir toisé des yeux en fin connaisseur, répondit, sans se déranger : Absente, monsieur.

— Absente! reprit Vandebeer avec désappointement : c'est fâcheux, car j'avais quelque chose de très-important à lui communiquer. Elle regrettera sans doute plus tard de ne m'avoir pas vu.

Personne ne lui répondit.

— Rentrera-t-elle bientôt? dit encore Vandebeer d'un ton qu'il rendit aussi insinuant qu'il put.

— Non, monsieur ; madame la comtesse est à la campagne depuis quelque temps, et je ne crois pas qu'elle revienne à Paris de si tôt.

— Et... reprit Vandebeer, en posant ostensiblement deux écus de cinq francs sur la cheminée, cette campagne est-elle bien éloignée Ne pourriez-vous pas me donner les moyen d'écrire là à madame la comtesse ?

— Pardon, monsieur, répondit le cerbère apprivoisé, avec une amabilité qui prouvait que le vieux Samuel connaissait parfaitement les hommes... c'est-à-dire, je ne connais pas cette campagne, madame la comtesse n'ayant pas voulu me la nommer, pour ne point être dérangée par les personnes auxquelles j'aurais pu involontairement donner son adresse. Elle y est dans le plus grand incognito. Mais il y a ici son homme d'affaires, que je n'ai pas vu depuis le départ de madame la comtesse. Il n'y a pas à douter qu'il ne vienne bientôt. Je pourrai l'envoyer vers monsieur.

— Non, répondit Vandebeer ; il y a un moyen bien plus simple de me mettre en présence de ce monsieur, c'est de me donner son nom et son adresse.

9

— Son adresse ! dit le concierge en rêvant et se grattant l'oreille : sans doute, monsieur, ce serait bien plus simple, mais je ne la sais pas. Tout ce que je sais, c'est qu'on l'appelle monsieur Robert.

— Robert Durocher ? demanda Vandebeer.

— Peut-être, mais je ne connais que le nom de Robert, répondit le concierge.

— Robert ! dit Vandebeer en redressant les oreilles... Bah ! non, se dit-il à lui-même : il y a dans Paris plus d'un honnête homme qu'on appelle Robert. Après tout... Un petit homme ? ajouta-t-il tout haut.

— Oui, monsieur.

— Trente ans ou environ ?

— Oui, monsieur.

— Portant moustaches, comme un vieux militaire, quoiqu'il n'ait jamais été que conscrit.

— C'est cela même.

— Grasseyant avec... eh ! mon Dieu ! disons le mot : avec affectation ?

— Oui, répondit le concierge en riant.

— Toujours bien mis, bien frisé, bien pommadé ? canne de jonc à pomme d'or... bésicles d'écaille sur le nez, c'est la mode... chaîne d'or ou de chrysocale au cou, et paquet de breloques battant sur le ventre, comme un gros rentier, n'est-ce pas?

Le concierge riait toujours et faisait à chaque coup de pinceau sur le petit homme un signe d'assentiment.

Le vieux Samuel se trouva suffisamment édifié. Ne sachant pas s'il n'aurait pas encore besoin du concierge de madame la comtesse, il déposa deux autres écus de cinq francs sur la cheminée, puis il sortit en remerciant son heureux cicerone qui le reconduisit jusqu'au milieu de la rue.

—Ah! Robert est aussi l'homme d'affaires de madame la comtese Carlotta de Lusigni! s'écria Vandebeer dans son for intérieur, tout en cheminant lentement le long des maisons. C'est, pardieu, tout de même bien drôle. Ce garçon-là est plus fin que moi, car je n'avais pas deviné *celle-là*, moi qui me croyais si bien renseigné de tout... Tiens, tiens, tiens!... Ah! monsieur Robert!... Pourquoi non, après tout? Ne savais-je pas depuis longtemps déjà que ce drôle-là soufflait le chaud et le froid! C'est égal, il a mon estime, car il m'a mis dedans.

Vandebeer continua tout le long du chemin ce langage interlope au sujet de la découverte qu'il venait de faire. En arrivant chez lui, il écrivit deux mots à Robert qui vint de suite.

— Vous êtes l'homme d'affaires de la Carlotta? lui demanda Vandebeer à brûle-pourpoint.

— Ah! monsieur! répondit Robert en rougissant jusqu'à la pointe des cheveux; vous oubliez...

— Quoi? repartit Vandebeer en interrompant Robert... que vous cherchez à mener vos affaires de toutes mains, et que vous les menez à grandes guides! Non, je ne l'oublie pas, et je vous trouve même très-habile, car je croyais tout savoir, et je ne savais pas, quoique je vous voie souvent, je ne savais pas que vous étiez en rapport avec la Carlotta.

— La Carlotta! dit Robert qui ne rougit plus, mais qui prit un grand air de dignité froissée.

— Ah! oui, c'est vrai, répondit Vandebeer en prenant un ton contrit. Je me trompais encore ici sur vous, car j'avais cru que vous vouliez nier, et je vois que tout simplement vous voulez me rappeler à l'ordre, au nom de la politesse, pour n'avoir pas dit madame la comtesse Carlotta de Lusigni. Je ne l'oublierai plus : eh bien, où est-elle?

Robert, qui se voyait pris en flagrant délit, balbutia une excuse de discrétion.

— Oh ! ne craignez rien, dit rondement Vandebeer, qui comprit parfaitement que la discrétion
n'avait rien à voir dans les circonlocutions de
Robert. J'ai besoin de voir la comtesse, mais je
ne lui parlerai pas de vous, ni en bien, s'il y a
du bien à dire, ni en mal, s'il y a du mal à
dire, ajouta le malicieux vieillard.

Robert se rassura, car Vandebeer ne l'avait
jamais trompé. Il lui indiqua la retraite où madame de Lusigni se cachait de son mieux, pour
éviter un monde qui lui devenait souverainement importun depuis quelque temps, et qu'elle
ne croyait pas assez dépisté encore par sa demeure solitaire de la rue du Bac.

## XII



### QUELQUES SOUVENIRS

Vandebeer était pressé. Ce jour-là même il se présenta chez madame de Lusigni, qui le reçut comme elle recevait d'habitude, quand elle recevait, dans un boudoir hermétiquement clos, et la figure à peu près entièrement cachée sous une avalanche de boucles de cheveux ondoyants, renforcée d'un voile à fleurs compactes, qui retombait jusque sur les lèvres.

— Pardonnez-moi, madame, lui dit le vieillard d'une voix chevrotante, de venir vous relancer jusqu'ici. Je ne suis si indiscret que par bienveillance, une bienveillance à laquelle j'ai osé prendre l'espoir de vous associer.

Permettez-moi d'abord, madame la comtesse, de vous dire qui je suis, pour que vous ayez en moi toute la confiance que je désire vous inspirer.

Vous savez mon nom, votre serviteur vous l'a
annoncé : je m'appelle Samuel Vandebeer, Hollandais de naissance, et pour l'instant citoyen
français, de fait au moins, sinon de droit.

Si je suis né en Hollande, c'est assez vous
dire, madame la comtesse, que j'ai été initié de
bonne heure au commerce, et, en cette qualité,
j'ai voyagé beaucoup. J'ai vu et appris beaucoup
par conséquent, par conséquent aussi je suis
devenu sensible aux souffrances des malheureux,
comme je suis devenu, je l'avoue, cruel pour
leurs bourreaux.

En 1789 — pardonnez-moi, madame, cette
longue causerie ; je veux que vous sachiez complétement qui je suis, pour que vous puissiez
mieux comprendre la demande que j'ai à vous
adresser — en 1789 donc, j'étais jeune, je n'a-
vais pas encore trente ans. Je sortis d'Amster-
dam, heur exucomme un homme qui va avec
confiance à la découverte des bonnes affaires,
content, en outre, de quitter une société où
tout ne marchait pas à mon gré ; où je voyais
trôner l'injustice, la méchanceté. l'égoïsme le
plus brutal ; où les voleurs étaient des gens bien
élevés, devant lesquels on se découvrait comme
devant la probité ; où les assassins étaient des
dandys de la plus belle venue, qui tuaient avec

leur langue, le poignard étant trop compromet-
tant.

J'espérais, madame, trouver en France une
société tout autre, des mœurs plus en harmonie
avec mes vœux, et j'entonnai joyeusement mon
chant du départ.

Mes premières étapes en ce beau pays me
firent revenir un peu de mes illusions d'étranger. Je les perdis tout à fait à Toulouse.

J'étais à Toulouse en 1789. A mon arrivée, je
trouvai la ville tout en émoi. Un fait étrange,
commenté différemment par deux camps différents, venait de s'y passer.

La ville, comme toutes les autres villes de
France à cette époque, était vivement agitée
par les préparatifs des élections aux Etats-Géné-
raux. Mais cette agitation-là pâlissait devant un
fait local qui remuait toutes les opinions et leurs
passions diverses.

Un homme des idées nouvelles, ardent dans
la lutte politique, un grand talent, un grand
cœur, j'ose le dire, un des plus célèbres avo-
cats au parlement de Toulouse enfin, maître
Patriciani... excusez-moi, madame, dit Vandebeer en voyant la comtesse s'agiter sur son di-
van, comme si elle eût été fatiguée ; les vieillards
sont causeurs, mais j'abrégerai... un célèbre

avocat de Toulouse donc, maître Patriciani,
avait eu un grave différend avec son beau-frère,
pour une grave affaire d'intérêt. La famille tout
entière était intervenue, les amis des deux parties étaient intervenus, si bien que la réconcilia-
tion se fit ou parut se faire. On la cimenta dans
un repas que donna maître Patriciani. Le repas
fut gai, plein d'entrain, de courtoisie. Mais la
nuit le beau-frère mourut.

Cette mort parut étrange ; de vilains bruits
l'incriminèrent. Maître Patriciani fut appréhendé,
mis en prison, jugé, et condamné à être roué
vif, comme Calas son compatriote.

Ainsi finit ce grand lutteur du progrès, cet
illustre champion de la cause du Tiers-Etat, cet
adversaire loyal mais trop énergique et trop redoutable de l'immobilité sociale.

Les preuves du crime étaient douteuses cependant, nulles même, dit le camp ami, à moins
que l'on ne voulût regarder comme une preuve
convaincante l'intérêt que pouvait avoir maître
Patriciani à la mort de son beau-frère, ou comme
une preuve encore le poison problématique
trouvé dans les intestins du mort.

La science a parlé, répondit le camp opposé,
le camp le moins nombreux et le plus suspect
en pareille matière, car c'était le camp des peu-

reux sans raison, des logiciens de l'égoïsme et des principes surannés.

La science, en effet, avait parlé, et je crois qu'elle avait parlé seule, sans la raison, l'indiscrète science, elle qui devrait être si modeste, tant qu'elle n'est que sur la voie du progrès, tant qu'elle n'est point arrivée au but. Eh bien, ce fut cette science pédantesquement cruelle qui fit condamner seule maître Patriciani.

On fit un recours en grâce, le camp ami, bien entendu.

Le roi, tout occupé qu'il était des tracas de la politique, voulait bien commuer la peine. Mais son frère puîné fit une moue de désapprobation, en citant un vers latin qui venait à l'appui de sa moue, et le plus jeune frère, lui, condamna hautement la commutation, en pirouettant sur ses talons.

Maître Patriciani fut donc roué vif sur la place du Capitole.

J'arrivai à Toulouse juste au moment de cette exécution qui me fit frémir d'épouvante. Tout le monde était consterné, même les ennemis du supplicié. Pour moi, lorsque je fus mis au courant de toute l'affaire, je sentis bouillonner dans mon cœur quelque chose de tempêtueux, de la rage, je crois, comme si j'eusse été personnellement frappé. Je jurai dès lors une haine implacable aux bourreaux de cet homme, tout en jetant un coup d'œil de regret vers mon pays, où je n'avais point encore vu d'injustice si criante, de cruauté si brutale dans la condamnation à mort d'un homme, probablement peut-être au moins, innocent, ni de monstruosité si froide que celle de ces hauts anthropophages, qui tenaient à dévorer un homme.

Je ne sais pourquoi, madame, continua Vandebeer, mais je pris dès lors intérêt à la veuve du condamné et à sa fille, jeune enfant de trois ans à peine. Je suivis leur histoire pendant quelque temps, au travers des péripéties diverses des premiers temps de la Révolution française.

J'ai su que quelques années après, cette pauvre mère, ruinée par son procès et par la confiscation de ses biens, reniée par sa famille, fut sur le point de redonner un père à sa fille, pour lui redonner le protecteur, la fortune et l'espoir d'un avenir, qu'elle n'avait plus. Mais ce projet manqua. Le prétendant avait ignoré jusqu'aux derniers moments la fin malheureuse de son prédécesseur. Il n'osa pas affronter l'opinion de ces rieurs qui rient de tout, d'une tête qui tombe, comme d'une femme qui meurt de chagrin.

Madame Patriciani, qui était, à cette époque,
à quelque distance de Toulouse, songea à s'exi-
ler plus loin encore. Elle alla dans la grande
île de l'oubli, à Paris, où elle vécut, dit-on,
sous un nom d'emprunt. Là, je l'ai perdue de
vue.

J'ai abrégé autant que je l'ai pu, madame,
dit Vandebeer, en inclinant la tête vers son in-
terlocutrice, qui l'avait religieusement écouté,
sans l'interrompre.

— Parlez encore, monsieur Vandebeer, répondit madame de Lusigni ; vous parlez bien,
et j'ai du plaisir à vous entendre.

— Je vous dirai franchement alors, madame,
quoique je le dise à une Française, que je ne
tins plus autant au séjour de la France, et bientôt je n'y tins plus du tout, car ce que j'avais
vu à Toulouse, je le vis bien ailleurs encore,
même à Paris, la ville de la haute civilisation.
Je vis partout des vices superbes ou honteux,
des crimes bas ou brillants, des monstruosités
de toutes sortes, que vous n'avez point remar-
quées évidemment, madame, car vous étiez trop
jeune, mais que l'histoire d'hier peut déjà vous
dire à cette heure.

La France n'était donc pas plus innocente, à
mes yeux, que la Hollande. Les passions vio-

lentes étaient là tout aussi et plus malsaines même que dans nos contrées. J'en sortis bientôt, pour rentrer dans les foyers de ma famille, d'où je repartis quelques années plus tard, afin d'aller explorer les vastes marchés de l'Angleterre.

Ma mauvaise étoile voulut que, malgré toute ma haine pour la société, malgré toute la répulsion que j'avais pour le monde, je rencontrasse là une femme de mon goût, que j'épousai. C'était à Londres, et en 1800, je crois, ou au commencement de l'année 1801 : j'ai un peu oublié les dates.

Vandebeer se tut ; il paraissait caresser dans son esprit une pensée, qu'il brûlait d'émettre ; mais il craignait peut-être d'être importun par la longueur de ses causeries. Madame de Lusigni l'écoutait toujours, et ne répondait pas. Il ne sut même pas si elle le regardait ; ses lèvres, d'ailleurs, étaient assez couvertes par son voile, pour qu'il ne pût y lire un signe d'encouragement. Il se hasarda pourtant à continuer sa causerie.

— Si j'osais, madame, ajouta-t-il après un instant de silence, vous entretenir encore des histoires de ma vie, je vous dirais que le jour même de mon mariage je pus comprendre définitivement que j'étais né sous un mauvais astre, toujours sous l'astre qui pousse à la haine et aux malédictions.

Pendant que nous étions dans les fêtes de nos noces, un bruit étrange, une histoire de perversité inouïe, vint frapper malencontreusement à mon cœur.

Nous étions à Londres, et en 1800 ou 1801, ne l'oubliez pas, madame. Londres est une ville d'affaires et de plaisirs. Le quartier des plaisirs était occupé alors par une foule d'émigrés français qui vivaient là fort joyeusement, guerroyant dans les salons, dans les jockey-clubs, et faisant souvent l'amour à la hussarde.

Un jour, le premier jour de nos noces, un couple de jeunes époux arriva dans les murs de Londres. Le mari était beau, jeune, riche, ayant, au moins, toutes les apparences de la richesse, car il voyageait dans une berline d'élégance princière, et il descendit à l'hôtel le plus luxueux de la ville.

La jeune femme était fort belle aussi, et si jeune qu'on ne savait pas, disait-on, si elle avait bien ses quinze ans. Elle était timide comme une enfant, pure comme une colombe, à n'en pas douter, et toute honteuse, il paraît, de se trouver en tête-à-tête avec son époux.

Le soir venu, pardonnez-moi, madame, ces détails ; je n'oublierai pas que si je parle à une femme qui a vécu dans le mariage, je parle aussi à une femme dont les oreilles ont le droit de demander beaucoup de réserve à mes paroles — le soir venu donc, la jeune voyageuse, la jeune mariée, l'enfant timide, se renferma dans son lit nuptial bien clos sous d'épais rideaux, fit éteindre les lumières, et appela autour d'elle le plus grand calme et la plus grande obscurité, défendant que *qui que ce fût*, — elle appuya sur ces mots pour se faire bien comprendre, — entrât dans sa chambre avec de la lumière. Caprice d'enfant, mais caprice, en tout cas, d'enfant bien pudique.

Son vœu fût respecté à la lettre. Quand son mari vint, il vint seul et dans l'ombre. La jeune femme pleurait à chaudes larmes... puis elle s'endormit. Au petit jour, son mari se leva doucement, bien doucement : mais elle n'avait plus peur, elle ne pleurait plus, elle le regarda... Un cri déchirant s'échappa de sa poitrine, car ce n'était pas son mari.

Personne ne vint à son cri. Elle se tut, se leva, furieuse comme une lionne à laquelle un chasseur a ravi ses petits ; puis elle disparut, et l'on n'a point su ce qu'elle est devenue depuis.

— Ah! fit madame de Lusigni entre ses dents; et... ajouta-t-elle avec inquiétude, dit-on le nom du mari?

— Oui! le marquis de Bompart.

— Et... l'autre? reprit-elle d'une voix étranglée.

Vandebeer s'inclina vers madame de Lusigni, et prononça le nom de *l'autre* bien bas, si bas qu'à peine si elle l'entendit; elle le comprit plutôt.

— Eh bien, madame, reprit Vandebeer, ce fut cette nouvelle qu'on nous servit toute fraîche, à notre réveil. Vous dire quelle sensation elle me fit, serait impossible. Je compris la rage de la jeune femme outragée; je compris sa disparition, et je comprendrais sa vengeance.

— Parlez encore, monsieur de Vandebeer, dit la comtesse avec beaucoup de calme. Il est impossible qu'il ne se soit plus rien présenté d'étrange dans votre vie depuis cette année 1801, depuis dix huit-ans par conséquent.

— Dix-huit ans! oui, *elle* aurait presque cet âge, dit Vandebeer d'un ton sombre... Mon Dieu! madame, ajouta-t-il après un instant de silence employé à essuyer une larme, que pourrais-je vous dire encore? Je retournai dans ma patrie. Je n'étais plus seul, et je me croyais

assez heureux, malgré mes mauvais souvenirs,
malgré quelques appréhensions qu'il ne m'était
pas possible de chasser de mon esprit.

Mon bonheur ne fut pas long, en effet, car
bientôt ma femme mourut. Mais ici je n'ai rien
à reprocher aux hommes. Elle ne me laissa pour
toute consolation qu'un enfant, une petite fille,
un petit ange, mon bonheur, mon tout, mon
Dieu désormais. Je la cultivai avec amour, avec
passion, comme un amateur cultive une fleur
précieuse.

Mon Dieu! que vous dirai-je de ma fille?
Des folies, les folies d'un père fou d'amour.
Que voulez-vous, je n'avais plus qu'elle; je ne
voyais plus qu'en elle la beauté, le bien, la
vertu, l'innocence. C'était ma colombe bien-
aimée, mon autel, ma prière, ma vierge imma-
culée à laquelle j'offrais tout mon encens. Oh!
madame, excusez mon délire, mais j'étais père,
malheureux, craintif dans le monde, menacé
d'être envahi par les flots du vice, que je voyais
monter, monter toujours, et ma fille était l'arche
où Dieu me permettait de ne plus craindre les
flots du vice.

En 1815, l'empereur Napoléon disputait à
Waterloo les lambeaux de sa pourpre aux peuples coalisés, et pendant ce temps l'état major

dé ses ennemis attendait à Gand, comme une nuée de corbeaux prêts à s'élancer à la curée.

Mon mauvais astre, celui dont je vous ai déjà parlé, madame, me conduisit à Gand... pourquoi faire? pour haïr sans doute encore, car là...

J'étais à peine arrivé là, que je vis ma faute ; mais je ne voulais y rester que quelques jours. Pendant ce temps je cachai ma fille, ma fleur pure et sans tache, je la cachai, comme un avare cache son trésor. Mais il était écrit que je devais maudire, parce que je devais être victime du vice.

Un jour, en rentrant chez moi, ma fille n'accourut pas à ma rencontre pour m'enlacer dans ses bras. Le démon du mensonge l'avait attirée dans un guet-apens, lorsqu'elle croyait aller à mes ordres, et là...

Je courus là comme un furieux, le pistolet au poing; je renversai tout sur mon passage; je bousculai tous les limiers de ce parc aux cerfs ; j'entendais des cris étouffés, des gémissements au fond d'un boudoir. Oh! tout l'enfer eût été là, que j'aurais foulé aux pieds tout l'enfer. Ces cris, c'étaient ceux de ma fille qui se débattait entre les bras d'un homme. Je fis feu ; mais le suborneur, le... le lâche se cacha prestement

derrière ma fille qui reçut mes deux balles dans
la poitrine, et tomba toute sanglante à mes
pieds, en me souriant... Elle était morte, son
lâche ravisseur parti, et je restais seul. J'em-
portai mon enfant toute sanglante dans mes
bras.

Le ravisseur, le lâche, c'était *l'autre*, madame, un très-grand seigneur, un puissant, comme
vous savez.

On ne le roua pas vif sur la place publique,
lui : on ne tue pas ces trop hauts criminels-là.
Il s'en fallut de peu que ce fût moi que l'on
punît du crime de *l'autre*. La société n'a point
de roues funèbres pour les *autres*, point de
vengeance pour les crimes princiers. Tous les
Français sont égaux devant la loi, dit un article
de leur nouvelle constitution, mais il paraît
qu'ils ne sont pas égaux devant les hommes de
la loi. O injuste justice ! si j'avais donc eu alors
cinq cent mille hommes à mes ordres !... mais
j'étais seul, seul, seul pour toujours !

M. Vandebeer baissa la tête et cacha ses yeux
flamboyants de rage.

— Vous êtes bien à plaindre, monsieur Vandebeer, dit la comtesse en s'avançant vers le
vieillard, et lui présentant sa main qu'il baisa
respectueusement, comme on fait d'un livre sa-

cré sur lequel on jure un pacte d'alliance.

Puis le vieillard essuya son front tout ruisselant de sueur.

— Oui, madame, je suis bien à plaindre, répondit-il ; mais je me sens presque heureux que vous le reconnaissiez. Pourtant ces malheurs ne me font point oublier ceux dont je viens vous parler.

Un homme que j'estime et que j'aime, un homme bon et loyal, le docteur Jean-Guillaume Muller est en prison, menacé de perdre la vie pour un crime problématique.

—Le docteur Jean-Guillaume Muller! répéta la comtesse d'une voix lente, et en jetant sur Vandebeer des regards étincelants qu'il ne vit pas. Je retiendrai ce nom, ajouta-t-elle après un instant de silence... C'est bien, monsieur Vandebeer, de s'intéresser à ceux qui souffrent. Vous et moi, nous nous mettrons entre les bras qui veulent frapper et lui. Je ne vous congédie pas , monsieur Vandebeer , mais je vais aviser.

Samuel Vandebeer se retira rêveur et le cœur tout bouleversé. Mais, il faut le reconnaître, le souvenir de sa fille et de la scène atroce de l'année 1815 l'affectait bien autrement que l'affaire Muller.

Madame de Lusigni écrivit aussitôt d'une main fiévreuse :

« Monsieur le marquis, envoyez-moi de suite, je vous prie, une lettre d'introduction pour la prison où vous retenez le docteur Muller. J'ai besoin de le voir. »

— Tom, dit-elle en appelant son groom noir, à Paris, à franc étrier ! Rapporte-moi de suite la réponse à cette lettre. Va ! j'attends.

La réponse ne se fit pas attendre. La voici :

« Madame la comtesse, le docteur Muller est, il est vrai, en prison pour affaires graves. Il est au secret le plus rigoureux ; personne ne peut le voir. La porte nous est fermée à nous comme à vous. Mais je peux vous donner de ses nouvelles tous les jours. Lorsque la porte de son cachot pourra s'ouvrir devant d'autres que devant ses juges, vous le saurez, et vous serez introduite auprès de lui. »

La lettre était signée : Marquis de Bompart.

Le marquis de Bompart qui déclarait ainsi, par modestie sans doute, son impuissance, était cependant un puissant du jour, quoiqu'il ne fût ni ministre à portefeuille, ni prince, ni duc, ni même marquis bien solidement titré. Sa puissance était occulte et partant plus influente que celle d'un ministre.

D'où venait-elle?

C'était un mystère que rien ne pouvait expliquer aux yeux de la foule, ni les antécédents connus du marquis, que tout le monde pouvait toucher du doigt dans leur horizon si peu éloigné encore, ni l'influence problématique de sa famille qui était parfaitement inconnue, ni ses qualités personnelles qui ne ressortaient point assez aux yeux de tout le monde.

L'influence et la fortune du marquis dataient de son mariage et de son voyage à Londres. Mais ce qui étonna le plus, ce fut de voir cette fortune et cette influence grandir à vue d'œil dans la petite cour aristocratique de l'émigration, malgré la disparition pleine de scandale de la pauvre marquise. L'étonnement n'eut plus de bornes quand on vit, au jour où la cour fut décidément réinstallée à Paris, le crédit de M. de Bompart devenir immense.

Des commentaires pleins de mépris ne manquèrent pas à ce sujet; puis on se tut. On oublia même, ou du moins on parut oublier. Mais qu'importait au marquis l'oubli ou le mépris public? Ce qui lui importait avant tout, c'était de devenir riche, et il l'était. Il était, de plus, avare.

Son dieu n'était pas la femme, qu'il aimait : son dieu était l'or.

# XIII

LE JUGEMENT

Le marquis n'avait pas trompé la comtesse :
le secret qui pesait sur la prison du pauvre docteur était d'un rigorisme inusité, et si bien gardé
que le fils ne pût jamais trouver la moindre
issue pour arriver jusqu'à son père. La mesure
était cruelle, elle était évidemment vindicative.
Félix ne put voir son père que le jour qu'il com-
parut sur le banc des accusés ; encore ne le
vit-il que de loin, confondu parmi tous les curieux qui remplissaient la salle : il n'eut pas
d'autre faveur.

Ce jour-là arriva enfin, et, comme l'avait dit
Vandebeer, il ne fut pas très-long à venir.

Le docteur s'assit silencieusement et sans
honte entre deux gendarmes. Son visage était
calme, quoiqu'il fût profondément blessé du
rôle hideux qu'on lui faisait jouer. Le sentiment

de sa dignité personnelle se reflétait dans toute sa tenue. Il ne se démentit pas un seul instant.

Les outrages ne lui manquèrent pas pourtant dans le cours de son interrogatoire.

L'accusateur public lui prouva tout d'une pièce qu'il était un lâche assassin, à l'encontre du président des assises qui le lui prouva par ses questions successives. Il n'y eut pas jusqu'à ses antécédents, qui pourtant lui avaient valu la croix d'honneur, qui ne fussent ignominieusement incriminés. Ils l'avaient inévitablement conduit, disait-on, au dernier acte qu'on lui reprochait.

Le courage qu'il avait montré dans ses diverses campagnes, le zèle de sa science, sa froide énergie devant l'ennemi comme devant la maladie, ne dénotaient pas autre chose que le fanatisme impérial, qui l'avait conduit tout droit au fanatisme de la révolte, au fanatisme d'un ennemi du droit et de la légitimité. Sa retraite, son silence apparent, sa misanthropie, n'étaient que du regret, le regret du passé, les aspirations sournoises d'un affilié des sociétés secrètes ; car, bien qu'on n'eût pas trouvé chez lui ni ailleurs des preuves de participation à ces œuvres de ténèbres, on n'en pouvait douter.

Peu s'en fallut même qu'on accusât le pauvre

pelé d'avoir fomenté les troubles des écoles,
enrôlé ces jeunes émeutiers qu'on voulait pousser plus loin qu'ils n'avaient été, dit-on, et qui
s'arrêtèrent, grâce à l'énergie et au dévouement
des magistrats et de l'armée; on se contenta de
l'insinuer. C'était lui, en tout cas, qui les avait
attirés vers sa maison, afin que, embusqué là,
il pût tirer en toute sécurité, caché derrière sa
porte, sur les agents de la force et de l'ordre publics.

Mais heureusement que si ce grand coupable avait habilement préparé son horrible guet-
apens, dit toujours l'avocat du roi, il avait manqué d'habileté pour préparer sa fuite, grâce à
la protection de la divine Providence. Lorsqu'on
put le saisir, il était encore nanti de l'arme
criminelle, et une permission du Très-Haut a
fait retrouver la bourre du fusil sur la voie publique, et cette bourre n'était autre qu'un morceau de papier empreint de l'écriture du coupable. Oh! Dieu est juste! s'écria l'accusateur
royal avec componction.

Le crime est donc évident, ajouta-t-il; la pré-
méditation ne l'est pas moins, et si ce misérable
n'a tué personne, ce n'est pas sa faute, car tout
était préparé pour cela. Mais Dieu aveugle parfois les ennemis de l'ordre et de la vertu, pour
protéger ceux qu'il aime.

10

La thèse était sévère, comme on le voit, les conclusions ne le furent pas moins. Le verdict du jury fut conforme aux conclusions de l'avocat royal.

Le docteur Jean-Guillaume Muller fut condamné à la dégradation comme chevalier de la Légion d'honneur, et à la peine capitale.

Cette sentence fut comme un coup de foudre dans l'auditoire.

Le docteur ne dit mot, mais il s'affaissa sur son banc. Ses yeux étaient convulsifs, ses lèvres agitées par des crispations nerveuses, sa figure injectée de sang; sa poitrine râlait avec des bruits effrayants. Puis cette agitation cessa, son visage devint blême, sa bouche resta béante, blafarde, et une salive rougeâtre fila sur son menton. Ses membres avaient la résolution de la mort.

A cette vue, Félix bondit du fond du prétoire avec la souplesse et l'impétuosité du tigre. Rien ne put le retenir.

— Mon père! mon père! s'écria-t-il en saisissant dans ses bras le pauvre apoplectique, qu'il voulait emporter.

L'avocat royal eut la générosité de ne pas requérir contre ce jeune homme irrévérencieux, qui manquait si impudemment de respect à la cour, mais il ordonna en termes sévères aux gendarmes de le conduire dans la salle des accusés, en y transportant son père, pour donner les soins que l'humanité accorde toujours, même aux plus grands criminels.

Il fut fait ainsi. La cour se retira alors, chacun de ses membres commentant ce fait à sa manière, mais se gardant bien de rien reprocher à sa conscience.

Dans le prétoire cependant l'émotion était vive : la foule s'écoula avec des grondements de rage et de vengeance, car tout le parti sympathique au docteur était là. L'animation se continua jusque dans la rue avec plus de chaleur que de prudence.

Une femme seule, jeune encore, une ouvrière, à en juger par la simplicité de sa toilette, une grande dame, à voir la beauté et la distinction de ses traits, resta dans la salle des assises, accoudée sur la balustrade, immobile, insensible à tout ce qui se passait autour d'elle, et les yeux fixés sur la porte qui s'était ouverte devant le docteur et son fils.

La main d'un garde, qui s'appuya sur son épaule, la réveilla en la faisant tressaillir. Il lui fit remarquer qu'elle était seule, et qu'on allait fermer.

— O mon Dieu, mon Dieu! dit la jeune femme en sortant, et posant ses deux mains sur son visage que des larmes inondaient. Pauvre Muller !

Elle se trouva, face à face, en ce moment, avec Bauvallet et Félix qui se tenaient par le bras et marchaient silencieusement, la tête baissée. Ils ne la virent pas; d'ailleurs la connaissaient-ils? Elle les suivit des yeux autant qu'elle put, de la porte du palais de justice.

Le même soir, la comtesse de Lusigni écrivit au marquis de Bompart :

« Le docteur Jean-Guillaume Muller est innocent, je le jure ! *Je ne veux pas* qu'il subisse sa condamnation. »

Le mot de la comtesse était hardi : son expérience du monde lui dit qu'il ne l'était pas trop.

Cependant Bauvallet et Félix étaient arrivés chez eux aussi silencieusement qu'ils étaient partis du palais de justice. Ni l'un ni l'autre ne pleurait; leurs yeux pourtant étaient rougis d'un cercle de feu. Ils s'assirent côte à côte sans mot dire; puis leur cœur déborda de sanglots entrecoupés, qui révélèrent enfin l'immense douleur qui les avait stupéfiés jusqu'à ce moment.

Bauvallet se leva le premier, et, saisissant à

deux mains la tête du pauvre Félix, il l'embrassa avec frénésie, en l'appelant son fils.

Ce mot sorti du cœur réveilla tout à coup un souvenir : sa fille ! Où donc est sa fille ? sa fille qui devait l'attendre avec tant d'anxiété ; sa fille qu'il avait laissée à son départ seule, tourmentée, appelant son retour avec tant d'impatience : sa fille qui était toujours là, sur le seuil de la porte, lorsqu'elle entendait dans l'escalier les pas de son père, où était-elle ?

Un papier frappa, en ce moment, ses regards ; il était là, sur la table, tout ouvert.

— Félix, lis ! dit le père en tremblant, et donnant le papier à Félix : c'est de Paula. Que nous dit-elle ?

« Père, je sors pour un instant, écrivait Paula. Ne vous inquiétez pas, je ne vais pas loin. »

—Allons, ce n'est pas si effrayant que j'en avais peur, dit Bauvallet avec un soupir de soulagement. Nous attendrons sans inquiétude, puisqu'elle le dit.

Heureusement Bauvallet ne savait pas le véritable motif de la sortie de sa fille, car il aurait eu peur.

Depuis l'incarcération du docteur Muller, Vandebeer, qui s'était fait jusque-là la providence du vieux grognard, comme de son fils adoptif Félix, n'avait reparu qu'une seule fois au petit logis de la rue de Sèvres, bien qu'il semblât n'en avoir point oublié les hôtes, à voir les démarches qu'il faisait pour l'affaire Muller.

Bauvallet ne s'en désespérait pas trop. Vandebeer lui avait déjà momentanément manqué tant de fois, qu'il s'attendait à le voir reparaître de jour en jour. Mais Félix, lui, était triste jusqu'à la mort. Paula, de son côté, n'était pas plus gaie. Elle se trouvait malheureuse de son malheur et de celui qui affectait ceux qu'elle aimait. Elle demandait constamment au ciel de lui donner la force de pouvoir les soulager.

Si Vandebeer n'apparaissait plus dans la petite mansarde, Robert, en revanche, y était très-assidu, selon l'habitude intéressée sans doute, que nous lui connaissons déjà, variant l'air de son thème ordinaire sur les richesses, qu'il ne donnait plus si gaiement, il est vrai, sans doute par sentiment des convenances, mais qu'il donnait cependant avec autant d'aplomb.

Ses visites, comme d'habitude encore, affectaient de préférence les heures où Paula se trouvait seule. Une grande intimité, fort respectueuse, du reste, s'était établie entre eux, et de cette intimité étaient nés les épanchements confidentiels sur la position de la malheureuse famille, les petits projets pour soulager son présent et préparer son avenir, des secrets enfin qui n'étaient que pour eux, mais dont les bénéfices devaient retomber sur tous, ne manquait pas de faire remarquer Robert... ah ! le plus tôt possible ! exclama un jour Paula.

Le jour de cette exclamation fut précisément la veille du procès du docteur Muller. Robert saisit avec empressement le vœu de la jeune fille, et déclara qu'il allait exécuter immédiatement l'un des projets qu'ils avaient concertés ensemble.

Le lendemain, effectivement, un instant après que Bauvallet et Félix eurent quitté leur mansarde, pour se rendre au prétoire des assises, Robert arriva.

— Dieu soit loué, ma chère Paula ! tout est prêt : nous avons réussi au delà de nos souhaits, dit-il joyeusement. J'ai prévenu de votre arrivée, on vous attend. Bauvallet aura la croix de la Légion d'honneur, et une pension y attenante, comme ancien militaire, grossie même plus que de coutume par la bienveillance royale. Seulement on eût désiré que votre père fît la demande lui-même, comme je vous le disais. J'en ai parlé, vous le savez bien, au père Bauvallet ; vous savez bien aussi qu'il m'a répondu chaque fois que je lui ai donné ce conseil : non, non !... J'ai donc dû dès lors, d'après votre avis, faire la demande moi-même, ou du moins la faire faire par quelqu'un de plus autorisé que moi.

Eh bien, c'est fait : le brevet sera donné, à condition pourtant qu'à défaut de votre père, vous demanderez vous-même, en personne, à notre protecteur. Je conçois parfaitement cette condition-là, moi ; car ce serait par trop drôle qu'on offrît à un homme un bien qu'il ne veut peut-être pas avoir. Vous parlant, tout est dit et bien dit.

Donc, nous irons à Neuilly, à la maison de campagne où demeure en ce moment notre illustre et puissant protecteur. Madame la marquise vous y recevra avec plaisir. Nous partirons à trois heures, si vous le voulez bien. — Il était midi. — A trois heures ! dit-il en sortant : préparez vous.

Il serait difficile de dire si Paula se trouva joyeuse ou inquiète d'une pareille démarche. Bien qu'elle agît dans l'intérêt de son père, bien qu'elle agît avec tout le dévouement d'une bonne fille, elle sentait toute la hardiesse inaccoutumée de son action. Mais sauver son père, aussi ! Rien ne l'arrêta.

Pourtant, lorsque trois heures sonnèrent, son cœur battit violemment, et sa respiration se suspendit. Elle devint pâle comme un cadavre ; elle chancela et tomba le long de la porte de sa chambre, prêtant une oreille attentive au moindre bruit avec la plus horrible anxiété. Oh ! si Robert ne venait pas, qu'elle en serait heureuse, à cette heure !

Un bruit de pas se fit bientôt entendre en dehors, puis le roulement d'une main sur la porte. Elle se releva tout effrayée, et s'enfuit à l'extrémité de la chambre, en cherchant à contenir, de ses deux mains, les palpitations tumultueuses de son cœur.

Le petit homme à fines moustaches, aux traits prétentieux mais tiraillés, au regard faux et doucereux, entra, en présentant sa montre à Paula.

— Trois heures ! lui dit-il : êtes-vous prête ?

— Non ! répondit Paula d'une voix glacée.

— Allons donc ! c'est de l'enfantillage, cela, repartit le petit homme. Nous allons prendre une voiture à côté, pour aller plus vite, et dans deux heures nous serons de retour, avant même l'arrivée de votre père. Eh ! tenez, je vais lui annoncer cela, ajouta-t-il, en cherchant du papier et de l'encre : ou plutôt non, écrivez vous-même.

Il la fit asseoir près de la table, où il avait déposé son papier, et lui dicta la petite lettre que Félix avait lue. Il prit ensuite la jeune fille par le bras, et l'entraîna au dehors, en levant vers le ciel un regard de défi satanique.

La lettre ne révélait rien de cette histoire à Bauvallet. Il la regardait avec hébétude mais sans angoisse, pendant que Félix anéanti dans ses pensées, paraissait à peine avoir conscience de ce qu'il lisait. Pensait-il aux tortures de son père? Pensait-il au serment d'Annibal, qu'il avait juré dans les catacombes ? Commençait-il à sentir dans son âme cette sauvage énergie que le docteur avait voulu y infiltrer, et que le palais de justice lui avait si cruellement rappelée? Il serait impossible de le dire.

Tout ce qu'on peut dire, c'est que ni Bauvallet, ni Félix ne parlait; chacun pensait de son côté. Une visite inattendue les rappela parmi le monde des vivants. Ce fut la visite de l'excentrique Joseph, toujours en compagnie de son ami Louis-Pierre.

# XIV

## LE SPEECH DE JOSEPH

— Mon ami ! s'écria Joseph, en se précipitant
sur les mains de Félix, qu'il saisit avec une
effusion touchante. Pauvre Félix !

Et quelques larmes bien sincèrement doulou-
reuses vinrent aux yeux de Joseph qui garda un
instant le silence, au milieu des sanglots que
son arrivée avait provoqués.

Et dire, ajouta-t-il bientôt qu'on l'a condamné quoique innocent, car il est innocent, je
le jure, moi ! c'est ma conviction. Pauvre docteur, l'ont-ils torturé, humilié, bafoué, souffleté,
les lâches, pendant qu'il avait les mains liées,
et la bouche bâillonnée. Ah ! si nous n'étions
pas si sots, comme dit le père Samuel, ça ne se
passerait pas comme ça.

Est-ce que ce serait pour ça, par hasard, que
la société a été faite ? Est-ce qu'on a dit, le jour

qu'elle a été faite, aux uns : vous commande-
rez à votre gré, vous jugerez comme bon vous
semblera, vous emprisonnerez qui vous voudrez,
vous tuerez ceux qu'il vous plaira ; aux autres :
vous, vous n'aurez qu'à obéir.

Bah ! comme dit le père Samuel, qui donc
ose nous chanter ces balivernes-là ? Ceux qui
commandent, mon petit, ceux qui jugent, ceux
enfin qui se sont faits nos maîtres. Oui, mais je
ne les crois pas, moi, parce que... parce qu'il
ne faut pas les croire. Ah ! mais oui, le père
Samuel dit ça, et il dit pourquoi, lui.

Ils ont fait des lois pour notre tranquillité à
tous, disent-ils. Eh ! pardieu, je le sais bien
qu'il y a des lois, de bonnes lois même quelquefois, comme dit le père Samuel ; mais on les
tourne comme on veut, ces lois-là ; on leur fait
dire ce que l'on veut, blanc, noir, à volonté.

Ah ! si nous n'étions pas si sots ; si nous
nous donnions un peu la peine de revoir notre
contrat social, comme dit le père Samuel, nous
verrions bien s'il était convenu de jeter des innocents en prison, à la corde ou à la guillotine.

Est-ce que nous n'avions pas établi entre
nous, dès le commencement du monde, des rè-
glements, des lois, un ordre de choses à la con-
venance de tous, comme dit le père Samuel ?

Celui-ci devait faire ceci ; celui-là devait faire cela ; les uns devaient amasser du grain ; les autres devaient surveiller le grain pour tous. Point de premier, point de dernier : chacun était utile dans la position qu'on lui avait assignée.

C'était fraternel, et c'était bien, comme dit le père Samuel. Mais bernique ! voilà qu'un jour les surveillants se sont révoltés ; avec le grain de tout le monde ils ont corrompu les ambitieux, les envieux, les égoïstes, les imbéciles, pour avoir la main forte, et de surveillants ils sont devenus maîtres.

Le contrat social ne leur a plus convenu dès lors ; ils l'ont déchiré, ils en ont fait un autre. Puis ces mangeurs du grain public ont marché fièrement, et les autres n'ont plus eu qu'à entretenir le tas, et à obéir, au lieu de commander.

Ah ! si j'avais été là, moi. Qu'est-ce que j'aurais dit ? Et vous, père Bauvallet, et toi, Félix, et toi, Louis-Pierre, qu'est-ce que vous auriez dit, vous ? J'aurais dit, moi : faites des lois, si vous le voulez, mais au moins ne m'oubliez pas. Donnez-moi de l'ouvrage, car je ne suis pas un *feignant*, ou du pain, rien que du pain, si vous le voulez, car je ne suis pas gourmand ; mais ne me retenez pas dans votre société pour m'y

11

faire crever de faim. N'oubliez pas de nous donner aussi de la justice.

Ah ! bien oui !... les mangeurs du grain public m'ont oublié, ils nous ont oublié tous. Puis ils se sont disputé le sac, ils se sont battus avec les mains des imbéciles, et nous voilà gros-jean comme devant. Ils m'ont pris sept belles années de ma vie, à moi ; ils m'ont rendu un misérable barbouilleur, on me l'a dit, puis ils m'ont laissé là en me disant : va-t-en voir s'ils viennent !... Je peux crever de faim ou d'autre chose, à mon gré.

Ah ! fichtre ! comme dit le père Samuel, vous n'êtes que des sots, car leurs lois... Pardieu ! tu les as vues, leurs lois aujourd'hui, les voilà ! Tu les as vues à la cour d'assises ; tu as entendu tous ces mangeurs du grain public, de notre grain, à nous qui mourons de faim, et qui allons en prison et à la potence par-dessus le marché. Eh bien, qu'en dis-tu, Félix ?

Ah ! si nous n'étions pas si bêtes, comme dit le père Samuel ! Mais nous ne sommes que des bêtes, nous. Eux, ils s'entendent très-bien entre eux ; ils sont unis, ils forment une corporation bien assise sur nous, bien organisée, une rude corporation avec sa caisse confortablement garnie, ses bâillons, ses honneurs, ses dignités re-

cherchées, tout le tremblement de la force, quoi...
tandis que nous... Pas d'union, de la peur, de
la convoitise, de la jalousie, de l'égoïsme enfin.
Aussi, vous voyez, comme dit le père Samuel,
quand vous pourriez commander, vous obéissez ;
quand vous pourriez juger, c'est vous que l'on
condamne. Ah ! fichtre ! oui, comme dit le père
Samuel, vous n'êtes que des bêtes. Et c'est vrai.

Dis donc, Félix, ajouta belliqueusement
Joseph, qui était silencieusement soutenu par
les gestes de Louis-Pierre, faisons comme dit le
père Samuel, entendons-nous, associons-nous,
puis marchons à la délivrance de ton père, à la
délivrance de tout le monde : oui, marchons !
Et pourquoi pas ? Nous sommes quatre au moins,
toi, Bauvallet, Louis-Pierre et moi. Quatre !
Qu'est-ce que je dis donc là ?... Enfin nous
serons bientôt une armée, tu verras. Sais-tu,
comme dit le savant père Samuel, que Mahomet
était tout seul pour fonder son affaire ? Sais-tu ?...
Mais n'en parlons pas, par respect... il était
tout seul aussi, puis douze, puis des peuples,
des peuples, des peuples. C'est qu'il y avait
confiance là, puis union, dévouement à toute
épreuve, et, fichtre ! là où il y a union et dévouement, il y a de la force, comme dit le père
Samuel.

Joseph était intarissable, sa verve était montée à son plus haut diapason. Il paraissait avoir bien retenu les leçons du père Samuel, et il s'animait comme un orateur convaincu.

Mais Félix et Bauvallet ne disaient mot ; ils étaient plongés dans de profondes réflexions. On ne saurait dire s'ils entendaient Joseph, et si sa logique les avait aussi convaincus.

Joseph crut pouvoir les tirer de leur obstinée taciturnité, en s'écriant tout à coup : et Paula ? Est-elle rentrée ?

— Comment ! rentrée ? dit enfin Bauvallet, en ouvrant largement ses deux oreilles.

— Oui, répondit Joseph, puisque je l'ai vue monter en fiacre, il n'y a pas bien longtemps, avec monsieur... monsieur Robert... oui, monsieur Robert, ajouta-t-il en insistant sur ce mot avec une grimace comique.

Bauvallet regarda Joseph avec deux grands yeux étonnés, qui ne demandaient qu'à apprendre ce qu'il ne savait pas.

— Vous savez, dit Louis-Pierre à Bauvallet, que maître Robert est le valet de madame la comtesse Carlotta, pour laquelle on doit avoir le plus profond respect.

— Allons ! encore ! Tu y tiens, Louis-Pierre, riposta vivement Joseph. Eh bien, moi, je te dis que non; je te dis que Robert n'est pas le valet de ta dame la comtesse, quoique je l'aie cru et dit à Félix. Veux-tu que je te dise à présent ce qu'il est, moi? Eh bien c'est le valet des débauches d'un grand monsieur, d'un riche, d'un puissant monsieur, qu'on appelle M. le marquis de Bompart.

Parbleu! je le sais peut-être bien, moi qui ai travaillé pour ce monsieur-là, et qui ai vu, l'autre jour, le sieur Robert lui parlant, chapeau bas, à la portière de sa voiture, tandis que le monsieur le tançait pour je ne sais quoi, mais, là, d'importance toujours. Ah! es-tu convaincu maintenant, Louis-Pierre?

Louis-Pierre n'était pas convaincu du tout, et, pour ne point être battu dans son opinion, il répliqua : Cela ne veut pas dire qu'il ne soit pas le valet de madame la comtesse, s'il l'est des deux.

— Ah! parfait! parfait! s'écria Joseph, en éclatant de rire.

Puis, s'apaisant tout à coup : C'est égal, ajouta-t-il, je n'aime pas ce monsieur-là, moi, quoiqu'en dise le père Samuel.

— Et tu l'as vue avec Robert? demanda Bauvallet, qui, au milieu de tout ce bavardage, ne voyait que sa Paula.

— Oui, je l'ai vue.

— Montant en voiture?

— Oui; mais pourquoi pas? M. Robert n'est-il pas assez riche pour ça?

— Si! répondit Bauvallet, en baissant la tête... et je n'y trouve pas à redire, ajouta-t-il d'un ton qui voulait couvrir sa fille, mais qui était loin de prouver qu'il était aussi tranquille qu'il le disait.

— Allons, au revoir, les amis! dit Joseph en serrant les mains de Bauvallet et de Félix, et tâchons de sortir de là le mieux que nous pourrons. Je ne vous dis que ça aujourd'hui, mais qui vivra verra. Au revoir!

Et Joseph partit avec Louis-Pierre.

# XV


## LA VILLA DE NEUILLY


Le soir vint, la nuit vint : Bauvallet et Félix attendaient toujours, silencieusement assis, dans leur petite chambre. Ils étaient tout oreilles pour écouter le moindre bruit qui venait du dehors, pour l'analyser, pour y prendre quelque espoir. De temps à autre on entendait ce mot dans la mansarde : c'est elle ! Mais non, personne ne venait. Paula ne vint pas.

Elle était, à cette heure, dans le boudoir tout parfumé d'une jolie petite villa de Neuilly, près du bois deBoulogne. Comme son père, elle était inquiète, car elle attendait aussi. Robert l'avait laissée là seule, promettant de revenir bientôt : elle n'avait auprès d'elle qu'une vieille dame qui l'accablait de ses prévenances pour lui donner la patience qu'elle commençait à ne plus avoir, et lui faire oublier un remords qu'elle dévorait au fond de son cœur.

Celui qu'elle attendait arriva enfin avec le bruit d'un homme de grande importance : c'était aussi un grand seigneur. Elle le savait, du reste, et elle en fut presque réjouie, puisqu'elle avait à demander une faveur. Pourtant elle trembla, mais ce fut d'instinct, car le nouveau venu était loin d'être effrayant :

— Pardon, madame, lui dit-il avec beaucoup d'amabilité, de vous avoir fait attendre ; mais j'ai été retenu à la cour pour vous, et vous verrez que je n'ai pas perdu mon temps, ni vous le vôtre. Robert a dû vous dire d'ailleurs, madame, que si je pouvais beaucoup, je n'étais pas, moi, le dispensateur des faveurs et des grâces, et que, pour les obtenir, j'avais besoin de parler à l'un et à l'autre. C'est ce que j'ai fait aujourd'hui, et ce qui a retardé mon arrivée ici.

Robert m'a donc parlé, madame, de votre père qui est un vieux soldat, un vieux grognard, comme on dit ; il m'a parlé de son passé qui ne fut pas sans gloire ; il m'a parlé aussi de son présent qui est plein de peines et de soucis. Je ne demande pas mieux que de réparer l'oubli du passé, et d'aviser au présent : mais j'ai

voulu savoir de vous, madame, si je ne com-
promettais pas mon crédit, en demandant pour
vous ce que vous ne désiriez pas, et ce que
votre père, m'a dit Robert, a refusé péremptoi-
rement plusieurs fois de rechercher.

J'ai demandé, malgré cela, et j'ai obtenu
pour votre père le brevet de la croix de la Légion d'honneur, et une pension grossie, sur mes
instances, plus qu'il n'est d'usage. Puis-je offrir
tout cela à M. Bauvallet sans craindre de refus?

La pauvre fille était si émue, qu'elle ne put
rien répondre. Sa poitrine était gonflée au point
de ne pouvoir plus respirer. Elle se jeta toute
haletante aux pieds de son bienfaiteur, et les
embrassa avec une effusion pleine de la reconnaissance la plus vive.

— Oh! merci! merci! dit-elle enfin, en levant ses yeux humides et brillants vers lui.

— Mais voici qu'une affaire grave vient de
surgir dans notre affaire, reprit le bienfaisant
protecteur, en relevant Paula. Le docteur Muller a été condamné à mort, il paraît, aujour-
d'hui même, par la cour d'assises ; son fils est
ou va être poursuivi pour la même cause, et,
ce qui est bien plus grave encore, voici, ajouta-
t-il en lui montrant un large papier, un mandat d'amener lancé contre votre père, comme

complice du docteur. Je me suis emparé du mandat, qui sera désormais à ma disposition. J'ai pu obtenir cela, et je l'ai obtenu pour vous.

La pauvre Paula était atterrée : de grosses larmes coulaient sur ses joues, et quelques sanglots étouffés bouleversaient sa poitrine. Elle ne douta pas un seul instant que tout cela ne fût vrai.

— Tranquillisez-vous pourtant, mademoiselle, dit le marquis de Bompart, car c'était lui ; l'affaire est en mes mains, et ce que je veux, je le peux. Bien plus, je veux remettre tout entre vos mains. Le mandat sera brûlé, et les poursuites anéanties, si vous le voulez, car vous aurez ma puissance.

Oui, ajouta-t-il après un instant de silence, oui, je suis bien puissant, je suis, de plus, immensément riche, mais — ne vous effrayez pas, mademoiselle, de mes confidences, je veux les faire entières — mais je suis seul, et la solitude me tue. Je suis jeune encore pourtant ; tout le monde aime ma puissance, ma grandeur, ma fortune : je ne sais si quelqu'un aime un peu ma personne. Voulez-vous, mademoiselle, partager avec moi ma puissance, ma grandeur et ma fortune? Voulez-vous être ma femme?

Paula baissa la tête, et ne répondit pas : elle attendait.

— Je ne veux point vous surprendre, mademoiselle, ajouta le marquis, qui croyait tenir sa proie parce qu'elle ne fuyait pas, je ne peux pas vous conduire à la mairie ; mais je peux vous donner tous les avantages et toutes les garanties de l'union conjugale, en vous constituant une dot. Voici un acte notarié, vous déclarant propriétaire de cette villa et de ses dépendances qui ont bien quelque valeur ; voici, en outre, le brevet de votre père, que vous lui donnerez pour cadeau de noces ; voici encore le mandat d'amener dont vous pourrez à votre gré faire un auto-da-fé.

Le marquis présentait en même temps trois papiers : il attendit la réponse à ses offres. Paula resta silencieuse ; évidemment quelque chose la retenait sur son siége, un combat intime et difficile sans doute. M. de Bompart souriait, lui ; il se croyait victorieux, lorsqu'il vit la jeune fille se lever tout à coup, lui faire une profonde révérence, et gagner la porte sans

— Donc, je puis brûler ce mandat ! dit le marquis

Paula s'arrêta ; elle fauteuil, en cachant son

mains. L'image de son père arrêté comme complice d'un crime, écrasait toutes ses résolutions.

— Ne brûlons rien, dit le marquis, mais réfléchissez, mademoiselle. Je sors, et je reviendrai dans une demi-heure.

Et il se dirigea vers la porte de sortie.

— Enfant, dit-il en revenant de quelques pas, et se tenant droit devant Paula, qui avait toujours son visage caché dans ses mains, enfant, pourquoi pleurez-vous? Que vous ai-je offert qui ne soit parfaitement acceptable? N'êtes-vous pas libre de disposer de votre cœur, de votre sort? A qui tout cela est-il? Qui donc tromperez-vous en disposant de vous-même, de votre présent et de votre avenir? A qui causerez-vous quelque tort? Ne rendrez-vous pas, au contraire, le bonheur à votre père? N'assurerez-vous pas sa vie qu'on lui dispute, son honneur qu'on veut flétrir? Quel mal ferez-vous donc alors? Ah! je le sais bien : les préjugés, les habitudes sont là, votre éducation d'enfance est là. Mais, dites-moi, croyez-vous qu'un *oui* prononcé devant votre voisin, parce que ce voisin se sera ceint d'une écharpe blanche, fasse d'un crime une vertu? Croyez-vous que ce voisin peut rendre bon ce qui est mal, et mal ce qui est bon? Conventions et préjugés que tout cela!

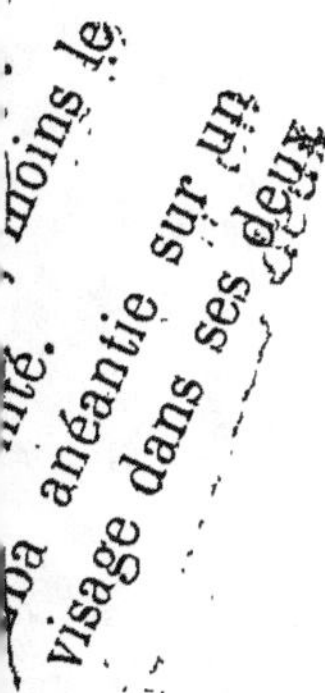

Je ne crois point, moi, à cette puissance exorbi-
tante, qui est bonne, tout au plus, à assurer la
position des époux. Le notaire alors sera tout
aussi puissant que l'homme à l'écharpe blanche... et j'ai là la signature du notaire. Je vous
laisse son acte, étudiez-le, enfant. Secouez-moi
tous ces préjugés-là, et faites deux heureux,
vous et moi. Dans une demi-heure je reviendrai.

Le marquis sortit tout triomphant du speech
séducteur qu'il venait d'improviser. Il ne douta pas que ce speech n'eût beaucoup de puissance sur l'esprit, sinon sur le cœur de sa victime, appuyé surtout qu'il était du oui conjugal
notarié.

La demi-heure n'était pas encore sonnée,
que M. de Bompart était déjà revenu. Il frappa
bien doucement à la porte, puis il entra sans
qu'on lui répondît. Paula était toujours là, les
bras croisés sur la poitrine, les yeux immobiles
et fixés à terre ; elle resta silencieuse à son
arrivée.

Ce silence fut pour le marquis le oui légal
de la mairie ; mais en homme qui connaît
toutes les ressources de l'expérience, il prit les
bougies qu'il emporta dans une chambre voisine, puis revint vers la jeune fille avec des
yeux ardents de lubricité, qu'elle ne vit pas.

— Non ! non !.. s'écria-t-elle en se levant brusquement et repoussant le marquis avec une détermination qui blessa vivement son amour-propre.

— A votre aise, mademoiselle ! dit le marquis d'un ton sec, qui tomba sur le cœur de la pauvre fille comme le glas de la mort de son père. Cette dot ne vous convient pas, brûlons-la, — et il la jeta au feu — ce brevet n'est pas de votre goût...

Mais avant de le livrer aux flammes, il regarda Paula, dont l'œil n'avait plus l'aridité de la vertu blessée : elle pleurait à chaudes larmes, mais elle ne fuyait pas. L'habile séducteur comprit cette muette réponse...

Ce fut le mandat d'amener qu'il brûla le lendemain, dès le matin, en même temps qu'il envoya le brevet de la Légion d'honneur à Bauvallet, ainsi que le titre de la pension. Il oublia de refaire l'acte de donation de la villa. Il ne le promit point en quittant Paula, et Paula ne le lui redemanda pas. Son père était sauvé, son existence journalière était assurée, son juste et légitime amour-propre était satisfait par son brevet et sa pension, qu'avait-elle besoin de plus ? Que lui faisaient à elle les dons de ce luxurieux bienfaiteur ? En avait-elle seulement encore besoin !

Aussitôt qu'elle se vit seule, elle se leva, remit l'ordre dans son appartement, où elle ne voulut pas laisser entrer la vieille dame qui l'avait reçue la veille, et qui paraissait devoir être son mentor ; puis, pour ne point être dérangée dans ses rêves de jeune fille sacrifiée, elle ferma sa porte à double tour de clef.

Le marquis, lui, était triomphant. Il mit un signet de plus sur le calepin de ses amours, et sourit au souvenir de l'adresse avec laquelle il avait jeté au feu l'acte de donation de sa villa. Il courut d'un seul trait chez lui, fort curieux de raconter sa bonne aventure à celui qui l'avait préparée si heureusement, à Robert qui n'était pas son valet, mais l'intendant de son *Parc aux cerfs.*

Robert n'était pas chez le marquis en ce moment, il n'était même pas à Paris, il était à Neuilly. Plus habile que son maître qui ne servait qu'un maître, le démon de la luxure, lui, il en servait deux tout différents, le marquis et la comtesse Carlotta de Lusigni.

Or, la comtesse avait sa petite maison de retraite à Neuilly, ce que ne savait pas le marquis, auquel Robert ne trouvait pas de son intérêt de tout dire.

C'était chez la comtesse qu'était, ce matin-là, Robert qui vendait à madame de Lusigni le secret de M. de Bompart, comme il lui en avait déjà vendu tant d'autres.

Robert eut à peine quitté la comtesse qu'elle se hâta de se rendre à la maison qu'il lui avait indiquée. Mais Paula n'était pas visible, elle se reposait ; elle avait rigoureusement défendu qu'on la dérangeât.

Madame de Lusigni ne prit pas cette défense pour elle ; elle insista. Elle frappa elle-même sur la porte de la chambre; elle appela, en se recommandant de Bauvallet. Personne ne répondit.

La comtesse eut peur alors ; elle frappa plus fort, elle appela plus fort, puis elle écouta. Il lui sembla entendre quelques soupirs, quelques gémissements, rien de plus. C'en fut assez pour elle, pour elle la femme instruite dans les mystères de la vie, dans ses angoisses et ses désespoirs. Mais bonne, toujours bonne, elle ne voulut pas réveiller le scandale de la calomnie, ni exciter les dards de cette vipère qu'on nomme la médisance. Elle prit une longue pince de fer, et aidée des efforts de la surveillante de Paula, elle l'introduisit dans un joint de la porte qu'elle fit craquer et qui s'ouvrit devant elle, en lui lançant au visage un nuage de fumée et de vapeurs carboniques.

Paula était sur son lit, les bras croisés sur la poitrine, la figure violacée par l'asphyxie commençante. Elle n'était pas morte; le grand air la ranima bientôt. Elle regarda tout autour d'elle alors avec étonnement, puis avec effroi, car les souvenirs lui revenaient; puis enfin des sanglots déchirants sortirent du plus profond de son cœur.

C'était du désespoir, le désespoir de n'avoir point purifié sa faute par la mort qu'elle recherchait. Elle se frappa le front, s'arracha les cheveux, maudit sa faiblesse qui, la veille au moins, avait une excuse dans la perspective de la mort qu'elle attendait, mais qui n'en aurait plus désormais. Oh! pourquoi lui avoir conservé la vie, une vie de déshonneur, s'écria-t-elle? Morte, on l'eût plaint; vivante, on la montrera du doigt comme le reste des orgies d'un puissant.

La comtesse ne répondit rien : il n'y avait rien à répondre à ce désespoir de la vertu. Aussi se contenta-t-elle de protester contre les exclamations de la jeune fille, en la baisant maternellement au front. Comme une bonne mère encore, elle prit Paula par la main, puis par le bras, et elles sortirent toutes deux de cette maison de malédiction.

La première personne qui frappa les regards de Paula, en entrant chez la comtesse, fut son père. Bauvallet était là, souriant, sur le seuil de la porte d'entrée ; un majestueux ruban rouge brillait à la boutonnière de sa longue redingote. Il semblait au bon grognard qu'il était redevenu un héros, et qu'il était grandi de quelques pouces. Il tendit les deux bras à sa fille.

Mais Paula se jeta à ses pieds en criant : grâce ! et prononçant des mots incohérents que le pauvre vieux ne comprit pas, et que la comtesse arrêta au passage, pour les lui expliquer à sa guise.

— Oui, votre père vous pardonne, et vous pardonne bien aisément votre absence, dit la comtesse en relevant Paula, et lui faisant comprendre, par quelques gestes bien expressifs, que lui dire la vérité qu'il ne savait pas, ce serait empoisonner sa vie. Il ne voulait pas, ajouta-t-elle, demander cette croix qu'il a si bien méritée, vous l'avez demandée pour lui ; c'était d'une bonne fille. Seulement vous avez dû attendre hier, et, comme il était tard, trop tard pour retourner seule à Paris, celui qui vous avait amenée étant parti, je vous ai offert l'hospitalité. Votre père a été inquiet jusqu'à ce matin, voilà tout votre crime : il vous le pardonne.

Beauvallet prouva à sa fille, en l'embrassant avec toute sa tendresse ordinaire, grandie de son contentement présent, qu'en effet il lui pardonnait bien volontiers son absence.

Le mensonge officieux de madame de Lusigni avait donc justement frappé. Elle n'avait plus qu'une crainte, c'était que la vérité ne vînt enfin à se révéler un jour.

# XVI

## UN QUART D'HEURE D'ÉPANCHEMENT

Quinze jours après les événements que nous venons de raconter, un homme de quarante-ans environ se promenait à grands pas dans un joli petit boudoir de l'un de ces beaux appartements qui ornent les grands boulevards de la capitale. La plus vive impatience était empreinte dans toute sa physionomie. De temps à autre il s'arrêtait droit devant la porte où il écoutait avec une oreille attentive.

Plus d'une fois il avait grimacé de colère, comme un homme qui se promet de faire de vertes remontrances qu'il répète à part lui. Il était évident qu'il attendait quelqu'un, et que le personnage attendu n'arrivait pas.

Il eût été bien difficile de dire, à l'inspection de cet homme, à quelle caste il appartenait. Les traits trop symétriques de son visage,

son teint trop blanc et trop rosé pour un homme,
ses beaux cheveux blonds bouclés, retombant
sur son cou, ne sont les signes distinctifs d'aucune caste, et leur profonde innocence n'in-
dique pas toujours un honnête homme.

Quoique jeune encore, le visage de cet
homme avait déjà quelques rides, et un œil attentif aurait' pu lire au fond de leurs légers
plis : volupté. Aux commissures de ses lèvres,
il y avait un sillon bien marqué par une rature
de l'avarice.

Ce personnage dont nous avons déjà esquissé
quelque peu le caractère, était M. Honoré-
Charles-Henri Membron, très-haut, très-puis-
sant, et très-riche marquis de Bompart.

Un petit bruit se fit bientôt entendre à la
porte du boudoir. L'impatient marquis s'arrêta
tout court, et un jeune homme à figure pâle
entra.

— Eh bien, ma lettre? lui dit brusquement
le marquis, oubliant la semonce préparée, pour
se livrer au seul plaisir d'apprendre.

— Je l'ai remise, monsieur le marquis, répondit le messager domestique, qui tenait son
chapeau bien respectueusement à la main, et
rougissait jusqu'aux oreilles, de manière à laisser soupçonner qu'il n'était pas encore habitué

aux fonctions dont il s'acquittait en ce moment.

— Parbleu, tu l'as remise !... répondit vivement et d'un ton sarcastique M. de Bompart qui ne trouvait pas la réponse de son secrétaire à la hauteur de son attente : mais à qui l'as-tu remise? A madame de Lusigni ?

— Non, monsieur le marquis, je ne l'ai pas vue.

— As-tu vu, au moins?... mais, au fait, qui as-tu vu ?

— Un domestique en livrée noire, avec des aiguillettes blanches sur les épaules.

— Pas de femme?

— Je n'ai pas vu de femme.

— C'est étonnant. Tu n'as rien entrevu, pas le moindre chapeau, pas le moindre ruban, pas le moindre nœud rose, ni mantille, rien ?

— Je n'ai rien vu.

— C'est étrange, dit M. de Bompart. J'aurais cru que toi tu aurais eu quelque privilége que d'autres n'ont pas. Eh bien, palsambleu ! tu n'es pas plus heureux que moi. Je vais là tous les jours, je parle tous les jours à la divine fée qui habite ce château enchanté, et je n'ai jamais rien pu voir, que cet oiseau de mauvais augure que tu appelles un valet.

Je veux savoir cependant, ajouta le marquis

d'un ton aigre, si la beauté de madame de Lusigni est aussi grande qu'on le dit. J'y tiens, j'y tiens absolument, entends-tu? Il est bon que tu saches cela, puisque tu es mon confident, et que c'est à toi de satisfaire mes désirs.

Le confident, honteux de la confiance de son maître, se mordit les lèvres jusqu'au sang. Il se balança d'un pied sur l'autre, en roulant entre ses mains son chapeau, qu'il ne voyait assurément pas, quoiqu'il parût le considérer beaucoup, puis il leva les yeux vers son maître avec un effort inouï. Il chercha alors à déguiser son embarras en lui faisant une réponse de courtisan.

— Je croyais pourtant, dit-il, que monsieur le marquis était on ne peut plus dans les bonnes grâces de madame la comtesse.

— Eh! qui dit non? répondit béatement M. de Bompart. J'ai mon entrée dans le saint des saints, et moi seul, moi seul, entends-tu? Malheureusement je n'y suis reçu que le soir, bien tard, ce qui est loin d'être une faveur, jamais à d'autres moments. Son boudoir alors est fermé comme un cocon, les rideaux de sa fenêtre hermétiquement clos, et par-dessus tout les persiennes barricadées, pour empêcher la clarté des réverbères de la rue d'arriver jusqu'à

l'intérieur où les lampes ont toujours l'air de
s'éteindre ; de manière que je trébucherais à
chaque pas, si je ne savais mon chemin par
cœur. Puis, Dieu lui pardonne ! pour surcroît
de précaution, la comtesse a, je crois, la tête
ensevelie sous un long voile.

Pourquoi cela ? oui, pourquoi ? caprices de
femme, à n'en pas douter, mais caprices aux-
quels il faut obéir. Elle sera malheureuse dès
que j'aurai vu son visage, dit-elle. Je cède
alors : il faut bien céder, car c'est une femme
charmante, d'une conversation enchanteresse,
une sirène enfin qui me fascine, qui m'endort,
et qui me dévorera peut-être, mais qu'importe !
Auprès d'elle je savoure la coupe du plaisir de
l'espoir, car je suis son valet, son très-humble
valet, et rien de plus.

Le marquis était en verve ; il avait beaucoup
parlé, il se tut alors. Il fit quelques pas préci-
pités dans le boudoir, en se léchant les lèvres
avec un enivrement visible, comme si, effectivement, il venait d'avaler cette coupe volup-
tueuse dont il avait parlé.

Le confident, lui, était ébahi. Il écoutait et
regardait en silence. Il admirait le débordement
loquace du cœur du marquis indiscret, qui ne
pouvait conserver pour lui seul les mystères

d'un amour platonique qui le rendait si heureux, et de temps en temps il jetait sur lui, à la sourdine, un coup d'œil où il y avait quelque chose de sinistre, contrastant singulièrement avec la soumission qu'il affectait de montrer si dévouée.

— Ce qui me surprend étrangement, reprit le marquis en s'arrêtant droit en face de son secrétaire dont il était content d'avoir les deux oreilles au service de sa verbosité, c'est cette renommée de beauté dont jouit madame de Lusigni, car qui l'a vue ? Je ne crois pas que quelqu'un puisse le jurer sur l'honneur... Moi qui suis l'enfant gâté de la maison, moi qu'elle berce en chantant la chansonnette de l'amour, je ne l'ai jamais vue, et elle m'a juré que depuis six mois personne ne l'a mieux vue que moi.

C'est précisément depuis ce temps qu'on la crie par-dessus les toits la merveille de Paris. Chacun en parle avec un mystère de connaisseur, qui divinise sa beauté, mais qui diabolise sa réputation. Je sais dix duels qui sont venus d'un mot dit sur elle. Mais là-dessus je sais à quoi m'en tenir ; je ne dis mot, je ne me bats pas, et je fais comme le troisième larron de la fable.

Mais c'est égal : comme je suis venu, que

j'ai vaincu, je veux pouvoir dire complétement le mot de César: j'ai vu ! et je verrai, ou bien...

Un geste impérieux, que dut faire Alexandre en coupant le nœud gordien, accompagna ces paroles. Un autre moins majestueux et plus moderne allait suivre le premier, lorsque quelqu'un frappa à la porte. Le gesticulateur en bonne voie s'arrêta tout court, et la porte s'ouvrit.

# XVII

## LE SECRÉTAIRE DU MARQUIS

Le nouveau venu n'était autre que le groom de madame de Lusigni, qui présenta au marquis un petit billet parfumé, à tranches dorées, serré dans un nœud de soie rose, puis attendit la réponse, sans dire mot.

— J'irai, dit M. de Bompart, après avoir lu.

Le groom sortit.

— Ah! ah! mais c'est fort grave cela, dit le marquis tout en s'habillant : une visite en plein jour! Il y aura des remontrances, des reproches : je m'y attends bien, car, en vérité, je suis un peu coupable. Il y a huit jours, il y a même quinze jours, je crois, que je n'ai mis les pieds chez elle. J'ai bien prétexté une absence indispensable, un voyage impérieux, mais bast! elle n'aura pas cru ma lettre, ou plutôt elle l'aura judicieusement interprétée, la fine mouche. Et parbleu ! c'était impossible autrement : pouvais-je aller tout de suite chez elle, après cette affaire ?

Ah ! Robert, Robert, je n'ai qu'un chagrin, c'est de t'avoir laissé partir avec tes deux oreilles ! Sans sa maladresse tout allait à merveille ; j'avais mes deux femmes, ou plutôt non, j'avais une femme bien gentille, pour laquelle j'avais assez fait, Dieu merci ! et il me restait en réserve ma divinité mystérieuse, ma Diane nocturne, mon idéalité.

Tandis qu'à présent voilà des histoires, des histoires,... Ah ! mais c'est égal, vous ne triompherez pas, madame la comtesse. Je prendrai la gamme si haute, que j'étoufferai votre voix. Je vous querellerai, je vous maudirai, je déchirerai les rideaux, je briserai les persiennes et toutes les portes, pour vous voir mieux rougir.

Eh ! que diable ! on jase sur cette femme à vous fendre la tête ; chacun a une histoire sur son compte. Si elle a en main les preuves de ma petite perfidie, grâce à cet imbécile de Robert, est-ce que je n'ai pas, moi, la voix publique contre elle ? La Carlotta ! Eh ! mon Dieu, qui ne dit rien de la Carlotta ?

Et M. de Bompart partit brusquement, bien déterminé à crier fort, pour ne pas laisser le loisir qu'on lui fît des reproches ; tandis que Félix, son secrétaire, car c'était lui, répétait avec stupéfaction : la Carlotta ! la Carlotta ! c'était donc la Carlotta !

Assez peu initié aux mystérieuses histoires des lionnes et des tigresses de la grande ville, il ne lui était point venu encore dans l'esprit que madame la comtesse de Lusigni et la Carlotta n'étaient qu'une seule et même personne, que cette femme singulière dont l'existence voilée était si durement stigmatisée par les uns, et si gaillardement dénommée par les autres.

Qu'était-elle, en fin de compte ?

La comtesse était jeune encore, et d'une exquise beauté, pour cela, on le savait, car elle avait paru quelques jours dans les salons les plus suivis de la haute société de la capitale. Dans quel but ? On ne sait. Etait-elle à la recherche d'un homme ou d'un secret ? Peut-être de l'un et de l'autre.

Mais comme elle était venue là sans mari, sans protecteur, sans ami, sans famille, au bras seulement d'une vieille femme, les dames de la société l'avaient de suite fort peu obligeamment titrée, et repoussée d'elles. Les maris, plus gracieux, les jeunes dandys, les lovelaces à la mode, l'avaient, au contraire, suivie, chaque

12.

soirée, avec une assiduité pleine d'entrain et
d'espérance. Chacun avait vogué autour de la
comtesse, toutes voiles de la galanterie dehors,
comme dit madame de Scudéri, afin de gagner
un bon point dans son cœur. Chacun aussi, dès
cet instant, s'était mis en campagne, pour étudier ce terrain inconnu, sonder le sol du champ
de bataille, monter ses batteries, et dresser son
plan d'attaque. L'affaire était sérieuse.

Chacun espérait, bien entendu, lorsque madame de Lusigni disparut tout à coup, ne laissant derrière elle aucune trace de son passage
qui resta ignoré pendant longtemps.

Cette fuite était-elle un jeu, le jeu de la Ga-
latée qui fuit pour être poursuivie? Chaque sou-
pirant le crut, et, piqué au vif, se mit à la
poursuite de la comtesse, dont il finit par décou-
vrir la piste, comme nous l'avons vu, dans le
haut bout de la rue du Bac.

Bien que l'on ne doutât pas que cette Carlotta de Lusigni ne fût une échappée de la
grande Babylone, et que chacun se crût dès lors
autorisé à lui donner le nom fort significatif de
la Carlotta, comme on disait autrefois la Laïs,
personne pourtant ne savait rien sur elle, en
dehors des médisances ou des calomnies publiques, rien en dehors des fanfaronnades du mar-

quis de Bompart dont le langage circonspect ne
laissait pas que de flétrir singulièrement la fleur
dont il paraissait si heureux de savourer les
parfums.

Profondément imbu de ces sentiments mal-
veillants dont l'air était tout imprégné, Félix
n'avait que du mépris pour la comtesse.

Et pourtant c'était cette femme dont la main
invisible et bienfaisante l'avait poussé là, pour
le servir, car elle le voyait sans appui solide
depuis la condamnation de son père.

Le docteur Muller était toujours en prison,
paralysé, complétement perclus de tous ses
membres. Le cœur seul battait encore en lui ; il
n'était plus qu'une statue à sang fluide. Grâce
à la lettre de la comtesse, s'il ne fut pas amnis-
tié, si sa peine ne fut pas commuée au moins,
sa sentence ne fut toujours pas exécutée. A quoi
bon ? On le pensa sans doute ; n'était-il pas
déjà mort ?

Il était bien mort, en effet, mais pas pour
tous, car jamais il ne parut si vivant à Félix.
Jamais la voix de son père ne l'avait frappé
aussi vivement ; jamais son doigt ne lui avait
semblé si impérieux ; jamais le serment des catacombes n'avait retenti si fortement dans son
cœur.

Ce cadavre-là était pour lui d'une éloquence irrésistible.

Il n'avait donc plus qu'à lui obéir. Il savait comment faire à cette heure, car il savait haïr, et Joseph, si bien instruit par M. Vandebeer, s'était fait son maître dans l'art de frapper.

Le docteur fût mort de joie, s'il avait pu voir l'ardeur de son fils devenu enfin l'homme qu'il avait toujours désiré.

Mais si Félix voulait et savait exercer sa vengeance, il n'était pas prêt encore. En attendant qu'il le fût il devait vivre, et il voulait vivre dans l'indépendance et non de l'aumône des amis. Il n'avait qu'à recourir au travail alors. Son père lui avait dit : le travail, c'est la vie.

Mais des deux professions qu'il avait apprises, l'une était un art, il n'en voulait plus; ses idées n'étaient plus assez libres ni assez exercées pour en vivre : l'autre, une profession luxueuse qui ne pouvait prospérer qu'avec de l'argent, et il n'en avait pas.

Il se trouva donc grandement dans l'embarras.

Un secours inespéré lui vint alors, il ne sut d'où.

Robert n'était plus l'homme de M. de Bompart. Son maître lui avait reproché durement

de n'avoir pas montré, après le rapt de Paula,
toute la sagacité qu'il avait déployée dans les
préliminaires de sa diplomatie amoureuse, et il
lui avait retiré le rôle de scapin dans la vilaine
comédie qu'il jouait auprès de lui.

Ce fut ce rôle qui tomba tout seul dans les
mains de Félix, sous un beau titre toutefois,
celui de secrétaire. Le jeune homme était bien
loin de se douter qu'il devait là un merci à son
horrible comtesse qui croyait lui donner un
puissant protecteur en M. de Bompart, et non
un maître. Il accepta la place avec empressement. C'était une planche dans son naufrage ;
c'était la goutte d'eau pour le voyageur égaré
dans les sables brûlants ; c'était le pain de tous
les jours, en attendant l'heure que lui avait dé-
signée son père.

Mais il n'avait pas prévu que, dans cette
place, il serait le messager du marquis auprès
de la Carlotta.

Pendant que Félix rêvait douloureusement à
cette position, le marquis, lui, se dirigeait vers
le but de son voyage, d'un pas lent, pour se
donner le temps de composer son visage et son
discours d'entrée, pour préparer ses réponses
et ses excuses, ses attaques même au besoin.

# XVIII

## LE RENDEZ-VOUS.

Il arriva enfin. Le valet aux noirs emblèmes
le prit par la main et l'introduisit dans différentes pièces, qui devenaient de plus en plus
sombres, à mesure qu'ils avançaient vers le lieu
d'épreuve, comme le franc-maçon novice d'autrefois, que l'on dirigeait, dit-on, tout tremblant jusque dans l'antre le plus secret de la
loge.

La dernière porte s'ouvrit enfin; une autre
porte à coussins, qui la recouvrait, fut poussée,
puis tout retomba dans le silence.

Le boudoir était noir comme un cachot, mais
embaumé comme un parterre. Nul bruit n'arrivait là que le lointain et sourd roulement des
voitures. L'appartement ne paraissait habité
que par le valet funèbre, que l'on pouvait prendre pour un homme singulièrement discret, s'il

n'était muet, car il ne disait jamais un mot.

M. de Bompart s'assit sur un canapé avec
toutes les précautions convenables en pareille
obscurité, et il se prit à réfléchir. Il ne craignait
plus que l'on surprît de la rougeur sur son front,
ni de la honte dans ses yeux. Il bénit même
pour la première fois les ténèbres du boudoir
de la Carlotta, qui lui donnaient toute l'assurance désirable dans une mauvaise cause. Mais
il était fortement embarrassé pour trouver un
exorde qui pût amener un discours vraisem-
blable, sinon tout à fait vrai.

Bientôt la double porte du boudoir s'ouvrit
doucement : le frôlement d'une robe de soie se
fit entendre, et réveilla le marquis qui rêvait.
Toutes les idées, qui commençaient à s'abattre
en ce moment dans son esprit, s'envolèrent. Il
n'en resta plus qu'une, celle d'amour.

Il lui sembla qu'il venait de voir enfin cette
femme mystérieuse, qu'il avait juré de voir
quand même ; qu'elle était belle à ravir, brune
avec des yeux bleus, des yeux en amande, une
bouche en cœur. C'était le rêve des lions amoureux du jour.

Madame de Lusigni s'assit à côté du marquis
avec toute l'aisance d'une personne qui marche
au plus grand jour.

— Je vous remercie, monsieur le marquis, lui dit-elle, de vos bonnes actions. Vous avez conservé la vie au docteur Muller, et vous voulez bien servir de père au fils.

— Et à ce propos, madame, se hâta de dire M. de Bompart à la comtesse qu'il voyait aborder un terrain sur lequel il ne marchait pas de pied ferme, quoiqu'on le félicitât de servir de père à Félix, à ce propos savez-vous, comtesse, que vous allez me rendre jaloux.

— Serait-ce alors pour me surveiller, monsieur le marquis, que vous avez acheté et fait décorer une villa princière à Neuilly, tout près de celle que j'habite ?

Le coup était bien porté, le marquis se sentit atteint. Il se trouva très-mal à l'aise, malgré l'assurance de ses résolutions, et il ne dit mot, mais il eut l'air d'écouter la fin de cette attaque, comme si elle n'eût pas été faite à fond, en penchant la tête vers la comtesse, pour mieux prêter l'oreille.

— Vous voyez bien, ajouta madame de Lusigni d'un ton mordant, qui prouvait qu'elle savait tout, que je ne peux pas vous croire jaloux.

— Vous êtes bien cruelle, madame, dit enfin le marquis.

— Bah ! je vous pique d'un misérable aiguillon, lorsque vous m'enfoncez dans le cœur deux
énormes défenses. Après tout, je ne vous accuse
pas, reprit la comtesse, en revenant à la raille-
rie, je n'accuse que votre peu d'adresse à faire
le bien. Vous avez su que Bauvallet était pauvre,
que sa fille, jeune et sans expérience, pouvait
être attaquée par cette armée d'oisifs et de
puissants qui surchargent la ville, et ne savent
employer leur temps et leurs richesses qu'à sé-
duire ces pauvres filles qui ont faim, vous avez
voulu alors la garantir de ce mal. C'était bien,
je vous en remercie. Mais donner une riche villa
à une jeune fille, lorsqu'on est un homme jeune
et puissant, cela peut prêter à la calomnie, qui
ne se gêne pas, comme vous savez, avec la réputation d'une femme quelle qu'elle soit. Pourquoi ne vous êtes-vous pas alors adressé à
moi ?

Le pauvre marquis était enferré. Il ne répondit que des excuses à peine intelligibles,
qui étaient loin d'avoir l'aplomb et l'énergie de
la philippique qu'il avait si bien débitée dans
son appartement, en face de Félix seul.

— On accusera toujours votre intention,
ajouta la comtesse d'un ton strident qui n'indiquait rien de bon, car on vous dit avare.

— Avare, moi ! s'écria le marquis presque heureux d'arriver sur ce terrain-là ; non, non, Dieu merci ! ajouta-t-il, en jetant dédaigneusement sa bourse, qui tomba sur un petit meuble, à côté de madame de Lusigni.

Madame de Lusigni pâlit de rage au son de cet argent adressé à la vertu douteuse de la Carlotta. Elle agita deux fois sa sonnette avec un mouvement tout particulier qui désignait un appel spécial. En effet, la porte s'ouvrit bientôt, et une jeune fille, dont la présence fit frémir le marquis, se dressa sur le seuil.

— Voilà pour vous, Paula, dit la comtesse en jetant à sa jeune amie la bourse suspecte.

— Merci, monsieur, dit-elle alors au marquis, en le regardant avec des yeux étincelants de mépris, qu'il ne vit pas ! Il appartient à celui qui a vendu sa femme d'acheter une maîtresse.

— Calomnie ! s'écria le marquis de Bompart tout interdit, et prononçant ce mot comme s'il eût dit : grâce !

— Calomnie ? vous ne répéteriez pas ce mot, monsieur, repartit vivement la Carlotta. Et pourtant elle était jeune, belle, si belle même qu'elle avait tenté, dit-on, un puissant d'ici-bas, pour lequel vous l'avez épousée : est-ce vrai, monsieur ?

— Oh ! qui a pu dire ces contes-là, madame ?
répondit le marquis, sans se fâcher et très-em-
barrassé du sot rôle d'accusé qu'il jouait en ce
moment. Qui a pu dire ces contes-là, répéta-
t-il ? la rumeur de ce sot public qui se croit toujours bien instruit, et qui ne sait jamais rien.

— Lui peut-être, mais moi ?... riposta sèchement la comtesse.

— Votre science serait alors terrifiante, madame, répondit gracieusement le marquis, qui
n'osa pas nier sur une interrogation si fermement faite. Mais enfin, si vous devinez si bien
les choses secrètes, ne devinez-vous pas combien je vous aime ? ajouta-t-il, en se faisant ga-
lant à l'excès pour obtenir sa grâce.

— Vous le dites, repartit la comtesse d'un
ton aigre-doux, mais ce n'est pas une preuve.
Vous l'avez dit à la pauvre Félicie Stella, vous
l'avez dit à Paula.

— Alors vous me chassez de chez vous, madame, dit M. de Bompart aux abois, en ame-
nant brusquement la conversation là où elle
n'était pas encore.

— Non, répondit madame de Lusigni avec
beaucoup de calme, mais je veux vous rendre
digne de moi et de mes projets.

Ce mot était piquant dans la bouche de la

Carlotta. M. de Bompart eut bonne envie de prendre une revanche, en guerroyant sur ce facile terrain. Mais il sut se contenir. Il sentit qu'il était trop affaibli lui-même, et qu'il lui serait plus désastreux d'atterrer son ennemi, que de l'amener par sa générosité à lui baiser les mains.

— Comtesse, dit-il en saisissant avidement la main de madame de Lusigni et d'une voix pleine d'émotion, ce qui est fait est fait, le mal est irréparable. Mais les circonstances seules sont coupables, et le fond de mon cœur est bon ; l'avenir le prouvera.

— Non, monsieur, le mal n'est pas irréparable, répondit madame de Lusigni avec un ton de voix qui révélait une conviction profonde : veuillez seulement le réparer.

M. de Bompart regarda fixement la place d'où partait cette douce voix qui lui faisait si fermement une morale qu'il était loin d'attendre. Mais il ne vit rien : les ténèbres étaient trop profondes, et le visage de madame de Lusigni était trop bien protégé par son voile.

Il se leva subitement, et s'élança vers les rideaux de la fenêtre, pour chercher du jour.

— Vous vous trompez, monsieur le marquis,

lui dit doucement la Carlotta : ce n'est point là
la porte, c'est la fenêtre.

Puis elle le prit par la main, et le conduisit
vers la porte, qu'elle ouvrit, sans qu'il fît la
moindre résistance. Il préféra laisser croire
qu'il s'était trompé, quoiqu'il n'en fut rien, et
il attendit une autre occasion pour lever enfin le
voile épais qui lui dérobait la figure de cette
femme merveilleuse.

— A ce soir! dit madame de Lusigni d'une
voix de sirène, en laissant sortir M. de Bompart, qui s'éloigna avec regret, en se reprochant
durement d'être parti si vite, sans qu'on l'y
invitât.

— O mon Dieu, dit alors madame de Lusigni, en se jetant à genoux au milieu du boudoir,
puisque vous m'avez donné une grande œuvre,
une œuvre de réparation à accomplir, faites que
la main de cet homme m'aide un jour de sa
puissance !

XIX

## UNE VISITE INATTENDUE

Quelques minutes après, M. de Bompart était dans son petit salon du boulevard. Il avait endossé sa robe de chambre et il fumait un cigare, appuyé sur le balcon de sa fenêtre, les yeux errant sur la foule où il était évident qu'il ne remarquait personne.

Sa figure était parfaitement impassible, mais son âme était agitée par une horrible tourmente. Il se poignardait de dépit de la niaiserie qu'il avait montrée dans sa rencontre avec la Carlotta, à laquelle il avait cédé le plus beau rôle.

Est-ce qu'il ne devait pas lui jeter au visage le sale chiffon de sa vertu, qu'on était las de traîner dans les égouts? Est-ce qu'il ne devait pas attaquer sans merci les mystères d'une vie qui ressemblait tant aux saturnales antiques, où rien ne transpirait au dehors des abominations de l'intérieur? Quel triomphe il y aurait eu là pour lui, pour lui qui s'est laissé tirailler les oreilles, comme un petit enfant, par une courtisane qui s'est évertuée à lui faire de la morale! Oh! en vérité, en verité!...

Et M. de Bompart se redressa fièrement, jeta distractivement sur la tête des promeneurs son cigare à moitié consumé, et se retira de la fenêtre. Il alla s'étendre sur son canapé, en ramenant sur son ventre les deux ailes de son hoqueton, comme Satan dans son intimité réfléchie. Puis il sonna.

— Sais-tu bien, Félix, dit-il au jeune homme, qui vint aux ordres, pendant que son maître, changeant tout à coup de place et de projet, s'assit devant un guéridon où il se prit à écrire, sais-tu bien que je n'aime plus la Carlotta?

— Ah! répondit Félix avec une grimace de sourire forcé : qui donc est en faveur auprès de la dame à cette heure?

— Hein! fit le marquis, en regardant son secrétaire avec des yeux sévères, qu'il adoucit subitement. Tu as raison, au fait, tu parles comme tout le monde, toi qui ne la connais pas, ajouta-t-il. Moi, je la trouve trop vertueuse, et je ne l'aime plus.

Félix sourit : il ne pouvait pas faire moins pour le joli mot de son maître qui ne raillait pas.

— Elle a chez elle une jeune fille que je lui préfère de beaucoup, continua le marquis. Elle est plus belle sans aucun doute, et elle sera plus sensible. Elle s'appelle Paula, une orpheline, je crois, du moins Robert le disait... à moins pourtant qu'elle n'ait un père que je me rappelle peut-être en ce moment. Tiens, dit-il en cachetant la lettre qu'il venait d'écrire, porte-lui ce pli, puis aussi ces quelques billets de banque, que je lui dois, ajouta-t-il, en tirant de son portefeuille, avec beaucoup de lenteur, quelques billets qu'il glissa dans les mains de Félix. Le roi de Macédoine disait qu'un âne chargé d'or pouvait passer partout. Va, je pense comme lui. Surtout sois prudent, habile et bon joueur. Sache d'abord que tu n'es pas tout à fait inconnu dans cette forteresse, et que ton nom pourra te servir de mot de passe. Tu diras, si tu veux, un mot de la petite maison de Neuilly, mais à Paula seule, entends-tu? Que la Carlotta ignore tout. Allons, va! et dis à Paula que je l'attends ici.

Félix prit la lettre, qu'il froissa imperceptiblement dans ses mains crispées de rage. Il resta

un instant immobile, atterré, devant **M.** de
Bompart. Puis, par une détermination soudaine,
il leva les yeux au ciel en souriant amèrement,
et partit.

Où allait-il?

Son impassibilité ordinaire venait de se
trahir : le secret de ses pensées se reflétait bien
distinctement sur son visage qui laissait voir les
impressions les plus sinistres. Si **M.** de Bompart
l'eût regardé en ce moment, il l'eût deviné. Il
eût deviné cette figure sombre d'un homme
plein de haine et de vengeance, luttant bien
faiblement contre les mauvais conseils d'une
voix mystérieuse et triomphante.

Félix s'arrêta un instant dans l'antichambre,
pour réfléchir plus à son aise, pour aviser au
moyen de parer ce dernier coup porté à son
bonheur agonisant : puis il ouvrit la porte pour
sortir. Il se trouva face à face avec une tête qui
fut pour lui la tête de Méduse, car elle le pé-
trifia.

— Eh bien? dit une voix qu'il reconnut parfaitement, pendant qu'on lui présentait une
main qu'il oublia de prendre : c'est moi!

— Qui, vous? répondit Félix, qui ne comprenait plus rien.

13.

— Mais moi, moi ! répondit le visiteur importun.

C'était Samuel Vandebeer.

Il n'était pas étonnant que le jeune homme ne parût point le reconnaître. Samuel Vandebeer était tout autre qu'il n'avait été jusqu'à présent. Riche et faisant le bien, il avait toujours paru sous l'heureuse jeunesse de la richesse, de la grande aisance au moins. Il était vieux, mais son visage avait toujours eu les traits rajeunis par la main du bien-être. En ce moment, ses cheveux étaient en désordre, sa barbe longue à faire peur, sa figure bouleversée par l'inquiétude et la souffrance ; ses vêtements étaient ceux du pauvre. Sa peau jaunie et cadavéreuse s'anima pourtant un peu en parlant à Félix.

— Oui, c'est moi, ajouta-t-il ; je suis Samuel Vandebeer, l'homme heureux autrefois, l'homme qui a pu vous prêter, il y a quelque temps, une somme assez ronde, pour vous être agréable, et sans se gêner, une somme que je ne voulais jamais vous redemander que pour faire quelque heureux, mais tard, bien tard, quand vous le voudriez. J'avais compté sans la misère ; elle m'étreint aujourd'hui, elle me poursuit depuis quelques jours déjà. J'ai résisté, j'ai fui mes

amis, je me suis caché; mais aujourd'hui j'ai
faim, j'ai faim, Félix. Je suis vieux, presque
infirme, incapable de travailler. J'ai voulu travailler pourtant; on m'a refusé, repoussé partout. Je le comprends, à quoi suis-je bon, à
cette heure? Eh bien, me voilà! faites de moi
ce que vous voudrez, Félix, mais j'ai faim, j'ai
faim.

Ce cri douloureux du vieillard frappa Félix
au cœur : il ouvrit la main, et laissa tomber
dans celle de Samuel les billets de banque du
marquis. Le prix de la honte et du vice servit
à payer l'honneur malheureux et souffrant. Le
jeune homme n'en eut point de remords : sa
conscience était déjà cuirassée contre le code de
la probité sociale. Peut-être était-il trop jeune
de pensées aussi, peut-être était-il trop aigri
contre M. de Bompart; mais il crut bien faire,
en disposant en ce moment, pour une bonne
action, d'un petit trésor qui n'était pas à lui.

— Vous avez ma signature? dit alors Félix à
Samuel.

— La voici, répondit le vieillard, en remet-
tant au jeune homme les petits billets que celui-
ci lui avait signés, chaque fois qu'il en avait
reçu des secours. Vous êtes un charmant jeune
homme, reprit Vandebeer après un instant de

silence, vous me sauvez la vie. En échange, laissez-moi vous donner un conseil qui vaudra pour vous plus que de l'argent.

Il y a depuis quelque temps une grande effervescence et une grande inquiétude au fond de la rue de Jérusalem. Les émissaires de la police sont sur les dents. Des bruits sinistres circulent sourdement dans le monde, et font craindre une catastrophe que notre royauté mal assise redoute par-dessus tout. Mais soit qu'il ne souffle dans la ville que ce vent de la crainte qui fait entendre des bruits si divers et quelquefois trop grossis, soit que les agents de la police soient habilement dépistés, rien de certain ne transpire au grand jour.

Une récompense est donc promise à quiconque dévoilera la trame mystérieuse qui s'ourdit sans bruit contre le présent état de choses. La promesse n'est pas affichée sur les murs ; on est trop civilisé chez nous pour placarder une lâcheté, mais elle a été faite assez haut pour être entendue de beaucoup.

Or, de tout cela je sais parfaitement une chose, c'est que s'il n'y a pas une catastrophe imminente pour la royauté trop craintive, s'il n'y a pas en travail une de ces conspirations colossales qui légitiment l'effervescence de la

police, il y a au moins une association secrète
entre des hommes de cœur, il y a un complot
contre la tyrannie du jour.

Joseph est de ce complot.

Félix pâlit à cette ouverture ; il étendit sa
main vers la porte du palier, qu'il ferma tout
à fait derrière lui. Puis, les bras croisés sur la
poitrine et la tête penchée, il écouta attentivement

— Plus bas ! dit-il à Samuel.

— Si Joseph est de ce complot, dit Samuel
en baissant la voix et dardant deux yeux flamboyants sur Félix, moi, j'en suis l'âme. C'est
assez vous dire que je n'ai rien à vendre à la
police, mais je sais que la police nous surveille
de près. Joseph m'a dit que vous aussi, Félix,
vous vouliez être des nôtres, et que vous lui
aviez donné rendez-vous à cet effet pour demain.

— C'est vrai, répondit le jeune homme entre
ses dents.

— Eh bien, n'y allez pas, car il y aurait danger pour vous. Laissez passer l'effervescence
des agents de police. Écrivez plutôt à Joseph,
qui doit vous attendre et que je ne peux voir
aujourd'hui, que votre rendez-vous est partie
remise.

Voilà, mon cher Félix, dit Vandebeer, en serrant la main du jeune homme, et faisant un pas pour sortir, comment un bienfait n'est jamais perdu... Ah ! ajouta-t-il en revenant d'un pas, un autre avis : méfiez-vous du marquis. Il sait que vous êtes le fiancé de Paula qu'il aime, avec laquelle il a passé une nuit à sa villa de Neuilly, d'où la Carlotta, qui est bien la meilleure femme du monde, l'a retirée. Il est jaloux de vous, il veut vous perdre, et il a provoqué une enquête contre vous, en vous accusant d'être complice du crime reproché à votre père. Adieu ! ou plutôt, au revoir !

Vandebeer sortit en se frottant le visage d'une main satisfaite. Il lui sembla qu'il venait de faire avancer d'un grand pas la grande œuvre à laquelle il travaillait depuis longtemps.

Il avait, en effet, tué d'un seul mot toutes les illusions les plus chères de Félix, en ouvrant devant lui les portes de la villa de Neuilly d'une main qui semblait vouloir n'être que discrète, et qui était meurtrière.

Félix avait douté, jusqu'à cette heure, de la désaffection de Paula. Il cherchait à l'oublier plutôt par dépit que par mépris : il espérait bien retrouver un jour celle qu'il avait tant aimée et qu'il aimait tant encore. Mais, à cette

heure, il comprenait toute l'horreur du message
dont le marquis le chargeait pour Paula... à
cette heure, il était prêt à tout ce que voulait
Vandebeer, à tout ce que voulait le docteur
Muller, son père.

Il rentra, en trébuchant, dans sa chambre,
où il se mit à écrire à Joseph : Attends-moi ce
soir.

Puis, sa plume exhalant imprudemment toute
la rage qui débordait de son cœur, il écrivit à
Paula une longue lettre pleine de tous ses
griefs, de son horreur d'elle, de sa vengeance.
Sa plume craquait sur le papier ; ses pieds tré-
pignaient de colère ; ses yeux lançaient du feu,
et sa voix, à chaque instant, éclatait en fureur.
Il était fou.

— Ah! ah! nous verrons bientôt! s'écria-t-il
en pliant sa lettre.

— Que verras-tu donc? dit derrière lui une
voix bien connue, pendant qu'une main enle-
vait prestement, par-dessus son épaule, la lettre
qu'il venait d'écrire.

C'était M. de Bompart, qui depuis un instant, attiré par le bruit que faisait Félix, se tenait silencieusement sur le seuil de la porte de
sa chambre. Quelques mots, qu'il avait saisis
d'abord au passage, l'avaient retenu là, en le

rendant curieux de connaître le grand sujet qui tourmentait si fort son secrétaire.

Félix, un moment atterré, se ranima tout à coup, et, se dressant fièrement devant son maître : Monsieur, lui dit-il, cette lettre est mon bien, rendez-la moi ! Je ne suis pas, je pense, un écolier soumis à votre férule, je suis un homme majeur, et comme tel, je vous redemande ma lettre.

— Oui, tu es un homme majeur, et un rageur, comme je l'ai vu ; et un conspirateur, comme tu le dis dans ta lettre ; et un voleur, ajouta-t-il, en saisissant sur la table les billets que Vandebeer avait rendus à Félix, qui les avait déposés là pour écrire, dans le trouble où les confidences de Samuel l'avaient jeté. Qu'as-tu fait de mon argent ? Rends-le moi !

Félix se taisait.

— Rends-le moi, malheureux, ou je te jette entre les mains de la justice, comme un voleur, un voleur domestique.

Félix se taisait toujours, mais ses mains crispées déchiraient ses vêtements.

— Ou bien, enfin, reprit le marquis d'une voix moins courroucée, qu'a dit Paula ?

— Elle a dit que le marquis de Bompart est un misérable ! s'écria Félix en grinçant des dents, et en lançant au marquis un regard foudroyant de haine.

— Un misérable ! un misérable, moi ! riposta M. de Bompart, en se précipitant, tout hors de lui-même, vers son salon, d'où il revint armé d'un pistolet dont il dirigea le canon vers Félix.

Mais le jeune homme, plus prompt que l'éclair, s'élança d'un bond, saisit et détourna prestement l'arme fatale.

Une lutte terrible, pleine d'adresse, de rage, et de menaces, s'engagea dès lors entre eux. Le pistolet n'avait point parti ; la gâche était toujours au doigt de M. de Bompart qui ne tirait pas, car il voulait que son coup ne manquât pas. Mais la lutte était vive, et l'arme tellement tourmentée entre les mains des lutteurs, qu'il aurait été impossible de dire lequel des deux elle menaçait le plus. Elle partit enfin, et le marquis tomba à la renverse, en faisant quelques pas en arrière, et étendant les bras, comme pour arrêter sa chute. Quelques gouttes de sang tachèrent ses vêtements.

Félix s'élança vers lui ; il le prit dans ses bras, en soutenant doucement la tête qui retomba inerte sur la poitrine. La figure était pâle, décolorée, le râle sifflait dans sa gorge.

Il l'étendit doucement à terre alors, et le regarda avec hébétude : il se tenait à genoux à côté de lui. Il se releva bientôt, regarda autour de lui avec anxiété ; ses yeux étaient hagards : à peine si sa poitrine pouvait suffire au dégagement de sa respiration saccadée. Il ne pensait plus à sa lettre, ni à ses billets ; il ne voyait plus devant lui qu'un cadavre qu'il avait fait.

Un homme plus habile dans le crime ne fût pas resté là, cherchant à donner des secours inutiles et compromettants : il eût soustrait de suite les preuves de sa culpabilité, sa lettre et ses billets, et il fût parti.

Félix partit aussi, mais oubliant tout cela. Sur le seuil de la porte, il se trouva face à face avec une femme qu'il ne connaissait pas et qui, à la vue de son trouble et du désordre de ses vêtements, le retint par le bras. Elle jeta un coup d'œil anxieux dans l'intérieur de l'appartement, où elle le ramena avec une force surhumaine.

— Malheureux ! lui dit-elle à demi-voix et avec une énergie pleine d'horreur, à la vue du cadavre, qu'avez-vous fait ? Fuyez, fuyez ! Cachez-vous au plus profond des entrailles de la terre, pour que la justice ne vous trouve pas.

Allez ! lui dit-elle, en lui lâchant le bras, qu'elle étreignait d'une main crispée.

Félix s'enfuit en effet, saisi de terreur au souvenir de cet homme, que le hasard avait frappé dans la lutte, mais qu'il avait vu mort.

Madame de Lusigni cependant, car c'était elle, ramassait la lettre et les billets que Félix avait souscrits à Vandebeer, et, après les avoir lus, les cachait dans son sein. Puis elle appela du secours, et partit, car le but de sa visite tombait devant ce mort.

# XX

## CATASTROPHE

Félix ne chercha point à se cacher : c'était
un coupable malhabile qui ne voulait qu'étour-
dir sa grande peine. Il se mit donc à marcher,
sans s'arrêter un seul instant, dans les rues, au
hasard, mais avec l'ardeur fiévreuse d'un homme
qui fuit un grand danger qui le poursuit. Il
baissait les yeux, pour ne pas voir marcher devant lui le cadavre du marquis ; de temps en
temps seulement il se retournait brusquement,
comme s'il se fût senti talonné par le bourreau.

Il alla ainsi tout le jour : le soir venu, il se
trouva au milieu des champs. Depuis longtemps
déjà il avait quitté la ville sans s'en apercevoir.
Le hasard, son instinct, peut-être le souvenir de
son père, le bras de la Providence peut-être
encore, le ramena à cette heure vers l'endroit
où sa petite maison de Montrouge avait été.

Le soleil était sur son déclin; il éclairait de
ses feux rougeâtres les ruines de la maison, qui
étaient là amoncelées, avec quelques pans de
murs noircis par l'incendie et troués par les
balles des combattants. Les bras pendants le
long de son corps, la tête à demi penchée sur
la poitrine, Félix regardait tristement ce spectacle de désolation, où la désolation pourtant
était moins poignante encore que dans son cœur.

Une larme lui vint à l'œil : c'était le premier
symptôme d'intelligence qu'il donnât depuis sa
lutte homicide. Peut-être était-ce le souvenir du
passé qui se réveillait en lui, le souvenir de
ses jours de bonheur qui s'étaient évanouis si
rapidement, le souvenir de son père, de sa
fiancée, de ses amis, de ses projets heureux.
Peut-être se souvint-il encore, en ce moment, de
son serment des catacombes, car, s'avançant
résolûment alors, il s'engagea au milieu des
ruines, et, après avoir jeté autour de lui un regard inquiet, il écarta quelques débris qui gê-
naient sa marche, et disparut.

Il descendit dans les catacombes par le
même chemin qu'avait suivi son père, et qu'il
avait parcouru une fois avec lui. Rien n'était
changé là : le laboratoire y était toujours avec
ses fourneaux et ses ustensiles habituels, sur

lesquels les araignées avaient tissé leurs toiles tout à leur aise. Mais Félix ne les vit pas, il ne vit rien ; il était dans l'obscurité la plus profonde.

Son premier soin fut de s'orienter, et cela ne lui fut pas difficile ; puis il alla droit, en étendant les mains devant lui, vers le point que son père lui avait indiqué du doigt, en lui disant : Rappelle-toi cette corde et ton serment !

La corde était toujours là.

Il s'assit au-dessous d'elle, et resta plusieurs heures anéanti dans ses pensées, priant son père aussi sans doute d'éloigner de lui ce calice d'amertume. Mais son arrêt était prononcé, et il avait juré de lui obéir. Il se releva donc, appuya son front le long de la muraille, la figure cachée dans ses mains. Ses mains étaient humides, sa figure et ses mains suaient du sang, un sang glacé. Il recommanda son âme au Dieu des malheureux, roula au-dessous de la corde fatale un gros moellon, sur lequel il monta, puis, passant la tête au travers du nœud coulant, il repoussa du pied le moellon, et se trouva suspendu le long du mur.

Le poids de son corps, et plus encore l'effort qu'il venait de faire pour repousser le point d'appui de ses pieds, firent basculer une dalle à laquelle était attachée la corde, et il retomba lourdement au milïeu du laboratoire, entraînant après lui cette dalle qui lui frappa cruellement la tête, sans rompre la corde.

Aussi, resta-t-il étendu à terre, immobile, tout couvert de sang, et râlant comme dans l'agonie de la strangulation.

Le docteur Muller, en faisant jurer à son fils un serment qu'on pouvait certainement trouver horrible, lui préparait cependant une bonne chance de salut, pour le jour où le désespoir l'amènerait là. Mais il n'avait pas compté sur l'imprévu qui pouvait faire tourner cette bonne chance à mal.

Heureusement que le Dieu de l'innocent au désespoir vint à son aide, et il y vint par une voie un peu détournée, mais en tout cas, par la voie d'un ami.

Exaspéré par la gêne, par la misère même, qui le harcelait sans cesse, plus exaspéré peut-être encore par des conseils intéressés qui le poussaient et le dirigeaient, Joseph conspirait, comme nous l'avons vu. Il conspirait contre ceux qui étaient plus heureux que lui; contre ceux qui trouvaient du travail, contre ceux qui lui en refusaient; contre les riches, les puissants; contre ceux qui donnaient des faveurs, contre ceux qui les recevaient; il conspirait enfin contre la société tout entière, qui ne pensait point à lui.

Et il savait comment conspirer. Il avait ses principes, sa philosophie révolutionnaire qu'il avait débitée plus d'une fois à Félix comme sienne, oubliant qu'il n'était que l'écho d'un homme plus habile que lui, plus haineux que lui, plus malheureux peut-être aussi que lui, parce que le cœur de cet homme avait été cruellement brisé, de Samuel Vandebeer.

Samuel Vandebeer, depuis le crime commis sur sa fille, avait pris la société en haine, les grands, les puissants surtout qui avaient causé son malheur, et il avait juré de se venger. Sa peine la plus cuisante lui étant venue d'un Français, d'un puissant de la France, il était venu en France, s'y était installé, et avait préparé là ses moyens d'attaque.

Mais seul, il ne pouvait rien, il le comprit sans peine. Il prit donc son temps, chercha des complices, les prépara habilement, et les monta plus habilement encore et laborieusement, il faut le dire, jusqu'au diapason de sa haine.

Pour comprendre quel travail gigantesque il se donna, il suffit de se rappeler ses rapports avec les personnages auprès desquels nous l'avons vu ; avec Bauvallet, dont il ne put jamais ulcérer l'âme, si ulcérée déjà, que jusqu'aux complots anodins des agitateurs de *la terrasse des bords de l'eau* et *du café de Valois ;* avec Robert que, habile à deviner les hommes, leurs espérances et leurs désirs, il avait accaparé, et qui, pour n'avoir point négligé ses petites affaires, n'avait pas moins fait celles de son mentor ; avec madame de Lusigni, dont il avait fouetté, au moment propice, les souvenirs aigres par des peintures qui ne pouvaient que réveiller cette femme qui paraissait endormie, mais qui ne dormait pas.

Un mauvais génie l'avait poussé au-devant de Félix, dont il avait tourmenté la vie par des machinations infernales, en laissant retomber sur la tête du docteur Muller un crime que lui seul avait commis, le coup de feu sur la patrouille ; en ravissant au pauvre amoureux sa fiancée, et enfin, en lui jetant au visage, dans le moment de son désespoir, le rapt et la honte de Paula.

Vandebeer avait parfaitement réussi jusqu'à cette heure dans ses projets. Il avait été le démon de tous, le maître de tous, et il les avait si bien instruits, si bien animés, qu'ils étaient prêts : il n'était plus seul. Il avait une armée redoutable qu'on pouvait appeler haine et vengeance.

Joseph était son  bras droit pour l'instant, mais qu'était-ce que Joseph? Il espérait le remplacer bientôt par Félix. Félix lui paraissait un homme autrement important, autrement énergique, parce qu'il le savait autrement fouetté par le désespoir que le peintre en décors.

Mais il se trompait : Joseph était loin de manquer d'énergie. Profondément imbu de la politique de Samuel, il l'avait rendue plus vigoureuse encore en greffant sur elle un système révolutionnaire à lui, dont il faisait un secret, pour l'heure, mais qu'il promettait de révéler lorsqu'il en serait temps. Le résultat de son système, à son dire, étonnerait tout le monde, à commencer par les plus habiles et les plus fins ouvriers en conspiration.

Cette surprise, certes, ne devait point être une nouveauté, quoi qu'en dît Joseph. Elle avait été employée, dans l'affaire de la rue Saint-Nicaise, contre le premier consul : elle le fut plusieurs autres fois encore contre d'autres souverains. Ce n'était donc point une invention nouvelle, mais elle était bonne et sans pareille, à son point de vue.

L'instrument de cette surprise n'était autre qu'un châssis chargé de fusées fulminantes qui devaient, à un moment donné, lancées sur la foule, produire un désordre effroyable, y semer la mort de toutes parts.

Le projet de Joseph n'était pas de tuer tout le monde, mais le roi et son cortége seulement, lorsqu'il irait aux chambres.

La préparation de son engin de destruction ne pouvait pas se faire dans une chambre, car Joseph était prudent, il ne voulait pas être découvert. Il s'était donc installé dans un coin des immenses galeries des catacombes. Les catacombes, à cette époque, communiquaient avec l'extérieur par une foule de puits de champignonnières, qui ont presque tous disparu de nos jours. Elles n'étaient pas non plus, comme aujourd'hui, visitées tous les jours, travaillées, restaurées continuellement. La solitude y était complète.

L'atelier de Joseph était donc bien choisi. Il ne l'avait pas placé, bien entendu, tout près du puits de descente, mais loin, le plus loin qu'il put, si bien que le hasard voulut qu'il ne se trouvât séparé du laboratoire du docteur Muller que par le mur de clôture que celui-ci y avait construit.

Joseph était donc là en toute sûreté, le docteur Muller n'allant plus depuis longtemps dans les catacombes. Son fidèle ami Louis-Pierre l'aidait seul dans son travail.

Or, la machine fulminante se trouva prête le jour de la lutte de Félix avec M. de Bompart. Joseph proposa donc à Vandebeer un petit voyage aux catacombes, pour lui montrer enfin sa *surprise*. Vandebeer content de son œuvre du jour, heureux d'avoir, comptait-il bien, conquis définitivement Félix par la scène qu'il avait jouée devant lui, suivit avec joie son complice qui rayonnait de fierté, à la pensée de l'étonnement qu'il allait causer au père Samuel.

A la vue de cette machine, Samuel demeura quelques instants rêveur, pendant que Joseph jouissait de l'extase admirative dans laquelle il le croyait plongé.

— C'est bien, très-bien, dit enfin Vandebeer ; avec cela tu peux tuer beaucoup de monde...

— N'est-ce pas ? dit avec joie Joseph.

— Des pères, des mères de famille, des jeunes filles, des enfants, beaucoup de gens de bien peut-être...

— Ah ! dame ! fit Joseph avec un geste de résignation.

— Et là dedans tu ne tueras peut-être pas un de tes ennemis.

— Tout le monde est mon ennemi.

— Même ceux qui te donnent du pain? demanda Samuel.

— Oh! dit Joseph, en lui prenant les mains, vous ne serez pas là, vous.

— Je ne parle pas de moi ; mais crois-tu que si tu demandais du pain, beaucoup ne t'en donneraient pas au nom de la fraternité?

— C'est du travail que je veux, et non l'aumône.

— En auras-tu, après les avoir tués? Demande-toi cela.

— Peut-être.

— Je ne te comprends pas alors, car moi, je ne vois là que des gens morts, et rien de plus.

Joseph regarda Vandebeer avec étonnement. Louis-Pierre écoutait en silence.

— Vous disiez pourtant, reprit Joseph, que tous ces gens-là dévoraient le pain qui nous était destiné.

— Tous ces gens-là, non! quelques-uns, oui !

— Eh bien? fit Joseph qui se croyait victorieux.

— Eh bien, punissons les coupables, et ne tuons qu'eux.

— Alors je ne vous comprends pas non plus.

14.

— Si tu avais attendu un peu, tu m'aurais compris : je t'aurais dit ce que je voulais. Mais tu me disais d'attendre; que tu avais ton petit moyen que tu m'indiquerais un jour, et j'ai attendu.

— Le voilà ! riposta Joseph, en lui montrant du doigt sa machine.

— Eh bien, il n'est pas beau, ton moyen, à mon avis du moins, mon ami. Ah ! si encore tu ne me parlais, ajouta Vandebeer, que de tuer ceux qui auraient tué chez toi ou ton père, ou ta mère... ou ta fille, dit-il d'une voix altérée, nous pourrions voir, parce que... dent pour dent ! œil pour œil ! c'est de droit divin : mais tuer tout le monde, le premier venu ! tuer une fille dans les bras de son père ! Oh ! non, non !

— Mais du même coup nous nous débarrasserions du roi.

— Bien ! après ?

— Après, après...

— Tu en auras un autre, puis un autre.

— Si c'était une république ?

— Oui... dix rois pour un peut-être ; car si la république est bonne, les républicains ne valent pas toujours grand'chose.

— C'est possible, mais la politique sera changée, et nous aurons du travail et du pain.

— Ce n'est pas la politique qu'il faut changer pour cela, mais l'esprit social. Voilà pourquoi je te dis que si la république est bonne et les républicains mauvais, c'est que la république est un principe, et les républicains des hommes. Ce sont les hommes qu'il faut changer ou punir, mais ne tuons pas, ne tuons pas tout le monde indistinctement, en tout cas, je t'en supplie. Nous avons mieux à faire : écoute-moi...

Ici Vandebeer s'arrêta tout court. Il prêta l'oreille, en regardant d'un œil interrogateur ses deux associés : il venait d'entendre un bruit étrange dans le laboratoire du docteur. Joseph avait également entendu. Il mit son œil entre quelques moellons mal joints de la muraille, mais il ne vit rien. Il fit tomber quelques pierres alors, puis, passant sa lumière par leur ouverture, il regarda Vandebeer avec effroi : un homme! s'écria-t-il... un homme est là, étendu à terre !

L'ouverture de la muraille fut agrandie en un rien de temps, et les trois conspirateurs s'introduisirent dans le laboratoire du docteur.

— Félix ! s'écria Joseph, en écartant les cheveux ensanglantés qui couvraient la figure du jeune homme.

Le nœud coulant, qui s'était fortement serré sur le cou de Félix, fut coupé aussitôt, la dalle repoussée de dessus sa tête, et Joseph souleva son pauvre ami qui respirait à peine, mais qui ne tarda pourtant point à pousser un profond soupir.

Les yeux de Vandebeer erraient cependant avec une avide curiosité sur ce coin qu'il ne soupçonnait pas, et dont l'aménagement lui parut étrange. Il aperçut la trouée qu'avait découverte la dalle en tombant. Quelques feuilles de papier pendaient à moitié en dehors, il les prit. Elles étaient couvertes d'une écriture chiffrée ; en tête il put lire pourtant cet axiome écrit en lettres ordinaires : quand un père châtie son fils, il ne le châtie que pour son bien.

Cette sentence fit réfléchir Vandebeer. A la vue de Félix agonisant, il comprit que le jeune homme n'était pas venu là tout à fait de son plein gré, mais que s'il avait obéi à la nécessité, il avait bien aussi obéi un peu à son père.

Mais comment un père peut-il vouloir le bien de son fils, en le châtiant par le supplice de la pendaison ? L'esprit perspicace et expérimenté du vieux Juif hollandais le devina en partie, en parcourant des yeux ces papiers qu'il ne pouvait comprendre, et où il soupçonna que devait être renfermé un secret important.

Mais quel secret ? Qui le savait ? Ce secret n'intéressait pas le docteur seul évidemment, car, à quoi bon écrire un secret, si l'on veut ne le communiquer à personne ? et pourquoi l'écrire en lettres chiffrées, si personne n'a la clef de ces lettres ? Mais pour quel autre que pour son fils le père l'aurait-il écrit ? La maxime qui était là, ne l'indiquait-elle pas assez ?

Vandebeer garda donc dans ses mains le papier mystérieux, tout en se haussant sur la pointe des pieds pour voir si le fond de la trouée ne lui donnerait pas une explication qu'il ne pourrait peut-être pas trouver ailleurs. Quelques points brillants attirèrent son attention ; il les toucha, et resta saisi d'étonnement... c'étaient des diamants.

Louis-Pierre, de son côté, pendant que Joseph ne s'occupait que de son ami, venait de ramasser aussi à ses pieds quelques-uns de ces petits points brillants, qu'il tournait et retournait entre ses doigts, sans soupçonner au juste quels ils étaient.

— Des diamants ! lui cria Vandebeer, en regardant les éclairs qui partaient des doigts de Louis-Pierre, auquel il montra aussi ceux qu'il tenait en ses mains. Des diamants ! cria-t-il de nouveau avec la joie d'un enfant qui vient de trouver un précieux jouet... Des diamants ! répétat-il ; des diamants plein les mains !

Vandebeer disait vrai. Le docteur Muller avait déposé là un trésor de diamants, mais il ne l'y avait pas caché, comme un avare. Une pensée plus digne de lui, en tout cas plus profonde, l'avait inspiré. Ce trésor était l'espoir de sa pénétration paternelle ; il devait être l'arme de la vengeance, mais il devait être aussi le baume destiné à guérir les plaies les plus cruelles du cœur de son fils. Il avait failli se tromper.

# XXI



Félix cependant était revenu à lui-même. Il regarda avec ébahissement tous ceux qui l'entouraient.

— Mon fils, lui dit Vandebeer, en lui prenant les mains dans ses deux mains avec toute l'effusion d'un bon père, ne craignez rien. Nous savons tout et nous restons vos amis, parce que nous ne vous croyons coupable d'aucun mal ; nous vous savons bien malheureux. Votre malheur cependant finira : nous sommes à l'instant de voir ce prodige.

Nous sommes ici dans les catacombes, vous, chez vous, nous, chez nous, et personne ne sait et ne soupçonne même où nous sommes. C'est assez vous dire que nous sommes tous en sûreté. Nous nous déclarons d'ailleurs tous quatre solidaires dans votre cause, et nous suivrons tous

la même voie, qui sera, j'espère, une voie de
bonheur. Je vous  engage donc à prendre confiance.

Nous ne vous avons  point suivi indiscrète-
ment ; nous étions ici pour arriver au but que
nous poursuivons  depuis longtemps déjà. Nous
ne nous attendions pas, certes, à y trouver un
ami de plus. Dieu l'a bien voulu, Dieu soit loué !

Oubliez le passé, Félix, oubliez votre désespoir, et ne voyez plus que l'avenir. Vous ne
serez plus seul désormais pour l'atteindre, et
nous serons forts, je vous le jure. Mais, dites-
moi, connaissez-vous ces papiers ? ajouta Samuel, en montrant anxieusement au jeune homme
les papiers chiffrés.

— Je les connais, répondit Félix d'une voix
faible encore.

— Savez-vous cette écriture ? continua Vandebeer, en le regardant d'un regard plein de
désirs et de soupçons.

— Je la sais.

— Voudriez-vous nous la lire ?

— Pourquoi pas ? répondit le jeune homme
se soulevant sur un coude, pour relever un peu
la tête, que Joseph soutint  de sa main amie ;
c'est l'écriture de mon père.

— Je m'en doutais, dit Vandebeer avec joie.

Eh bien, mon ami, lisez, si vous le pouvez, nous vous écouterons avec tout l'intérêt de véritables amis.

Félix se sentait quelque force en ce moment, il se souleva complétement, et s'assit, le dos appuyé le long de la muraille. Vandebeer prit la torche des mains de Louis-Pierre et la tint près du papier, que Félix prit dans ses mains pour lire.

« A mon fils. — Ceci est mon testament.

» Tu ne liras, mon ami, ce testament qu'au jour du malheur et du désespoir, je le sais. Aussi, je te le laisse comme un soulagement à tes peines.

» Rappelle-toi, en ce moment, tous mes conseils d'autrefois, et sache les apprécier à leur valeur. Ils t'ont paru certainement bizarres, capricieux, injustes peut-être, et cruels. Tu te trompais. Tu dois le reconnaître, à cette heure que tu as parcouru, comme je l'avais fait moi-même, la voie du malheur, celle qui conduit à la haine ou au désespoir.

» Je vais d'ailleurs t'expliquer tous les motifs de ma conduite à ton égard. Je suis riche : j'aurais dû, n'est-ce pas, te donner de suite ma fortune, pour te guider plus sûrement vers la cité de la joie et du bonheur ? Peut-être penseras-

15

tu ainsi ; moi, je pensais autrement. J'ai toujours cru que la jeunesse supportait mal la fortune ; que la fortune était un  mauvais guide pour conduire le jeune homme à la maturité que je désire à l'homme d'affaires.

» Je ne t'ai donc laissé, tant que je t'ai vu heureux de la vie insouciante et frivole, comprenant mal mes sentiments et les sentiments que je demandais en toi, je ne t'ai laissé que la  fortune modeste qui pouvait suffire à  ton bonheur actuel, à celui-là seul que tu recherchais.

» Pourtant j'avais tant souffert, et je connaissais si bien l'esprit social, qu'il ne m'était pas difficile de prévoir que tu souffrirais aussi un jour, et que le frottement de ta vie à la vie des autres hommes te ferait mieux comprendre mes leçons d'autrefois.

» Ce n'était que pour ce jour-là que je voulais te mettre en main mon autre fortune, mon inépuisable fortune, celle que tu ne connais pas.

» Je ne te reproche pas d'avoir oublié jusqu'à cette heure le serment d'Annibal. Tu ne l'as jamais compris ; tu l'as fait par obéissance, je l'ai bien vu. Mais aujourd'hui que tu es malheureux, comme je l'ai été, plus peut-être que je ne l'ai été, puisque tu veux mourir ; aujourd'hui que tu vois enfin que Rome est ton ennemie, et que tu dois comprendre mes conseils, hésiteras-tu à lancer contre elle, pour venger ton père et toi, toutes les forces de Carthage, toute l'énergie de la haine d'Annibal?

» Ne m'en veuille pas, mon ami, si j'ai pensé à moi, beaucoup à moi, dans mes rêves sinistres ; tu dois voir, en ce moment, que je ne t'ai pas non plus oublié. Dans la lutte que je te demandais, tu pouvais succomber, ou bien encore, le désespoir sans lutte pouvait porter tes regards vers la mort. J'avais prévu tout cela, et je t'avais préparé ici un refuge et l'espérance aux pieds de la fortune, cette reine du monde, cette consolation si puissante des affligés, cette arme terrible qui fait crouler les forts les mieux bastionnés, cette voix souverainement éloquente et persuasive qui relève si habilement les causes perdues. Comment comprendrais-tu autrement, mon ami, que j'eusse voulu te faire jurer de ma voix paternelle de te suicider un jour?

» Regarde autour de toi, et rends enfin justice à ce serment cruel qui te sauve aujourd'hui. Vois si je n'ai pas bien pensé, en attachant une corde protectrice à cette dalle mobile, dont la chute te révèle, mieux que toutes mes paroles, le secret de ma conduite. Regarde, mon ami, derrière cette dalle, car tout est là, et la haine de ton père et le serment de mon fils, puis la fortune, pour obéir à l'une comme à l'autre. Tous ces diamants sont à toi, et quand ils seront épuisés, refais-en d'autres... oui, mon ami, refais-en d'autres, crois-moi, quelque étrange que te paraisse ce mot. Tu le comprendras mieux d'ailleurs en lisant mon testament tout entier.

» Mais avant d'aller plus loin, je veux te rappeler ce que je t'ai déjà dit sur ton serment, car je crains que tu ne m'aies pas bien compris, ou que tu ne l'aies cru plus cruel que je ne le veux.

» La vengeance dont je t'ai toujours parlé, n'a jamais été pour moi ce sentiment bas et jaloux qui hait et frappe sans raison ; elle n'est pas le bras furieux ou lâche qui torture aveuglément celui qu'il déteste ; elle n'est pas cette divinité capricieuse ou folle qui lance du poison ou la foudre contre ceux qui lui déplaisent : non. Ma vengeance, c'est la punition du vice, du crime habile que la loi ne peut atteindre...

— Ah ! dit Vandebeer avec un sourire de joie et d'approbation, voilà mon idée !

» On se venge de son ennemi, continua de lire Félix, en le châtiant de sa méchanceté, de ses calomnies, de ses sourdes et traîtresses menées qui tuent votre honneur, empoisonnent votre vie sans danger pour lui. Autant que tu le pourras, rends dent pour dent, œil pour œil, comme disent les livres sacrés. Détruis la puissance de tes ennemis puissants ; brise les espérances orgueilleuses de ceux qui se sont jetés arrogamment sur toi, sur tes droits ; jette la désolation sur ceux qui t'ont désolé, le désespoir sur ceux qui t'ont désespéré.

» Ce sera justice, et tu fermeras la bouche à bien des méchants ; tu enchaîneras les mains de bon nombre de ceux qui ne rêvent que le mal, car ils auront peur de la peine du talion. Ces gens-là n'ont jamais peur de la loi ; ils ont le pied trop sûr pour jamais tomber dans le précipice de ses édits, qu'ils côtoient toujours.

» Mais ne tue pas. comme un assassin : la vie de ton semblable n'est à personne qu'à Dieu.

— Ah ! fit de nouveau Vandebeer, en regardant d'un œil satisfait Joseph, qui écoutait attentivement sans lever la tête.

» Si tu es homme, mon ami, lorsque tu trouveras ce testament, continua de lire Félix ; si tu as souffert beaucoup, et je le crois, tu comprendras la vengeance dont je te parle. Alors va ! ne meurs plus volontairement et lance-toi dans la voie que j'ouvre à tes regards. Mes os

en frémiront d'aise dans le froid de la tombe,
et mon âme, si elle le peut, te bénira dans
l'autre monde, en disant à ton âme : Courage ! »

La voix de Félix tremblait d'émotion : il
s'essuya les yeux, car il pleurait.

— Courage, mon ami ! dit Vandebeer en lui
serrant la main. Voyons la fin.

La fin était pour le vieux Juif ce qui était le
plus intéressant, car il prévoyait qu'il y avait
là l'histoire des diamants et de la fortune an-
noncée par le docteur.

» Dans les Indes, continua Félix en lisant,
j'ai appris du nabab Andaman, comte Pépin
de Béelzébuth, prince de Belphégor, un secret
important que je confie à ton savoir et à ton
cœur d'homme fort.

» Le diamant, comme tu le sais, mon ami,
est du carbone pur : le carbone, comme tu le
sais encore, n'est pas un corps rare dans la nature. On le trouve partout, dans les végétaux,
dans l'air, dans la terre, dans une foule de sub-
stances enfin, quelquefois en petite quantité,
quelquefois en quantité considérable, mais toujours combiné avec d'autres corps. Le grand
point est de l'isoler, de le purifier, et surtout
de le durcir, pour avoir le diamant.

» Qui n'a pas cherché ce secret depuis les

temps les plus reculés, depuis le premier des alchimistes jusqu'au dernier des chimistes? On ne l'a jamais trouvé cependant, au dire de l'histoire.

» Andaman possédait ce secret. Qui le lui avait appris? Je n'en sais rien, mais il me l'a révélé à moi, et j'ai réussi aussi bien que lui, comme tu peux le voir par les échantillons que je te laisse. En suivant nos procédés, que je vais t'indiquer, tu réussiras comme Andaman, tu · réussiras comme moi. »

Ici le docteur entrait dans tous les détails de chimie nécessaires, mais qui n'étaient saisissables que pour son fils. Aussi, Vandebeer arrêta-t-il tout court le lecteur dans ses théories scientifiques, qu'il n'espérait pas pouvoir retenir dans sa mémoire. Il ne comprit bien, d'ailleurs, en tout cela qu'une chose : c'était que Félix devenait pour eux toute une fortune, le sujet précieux de toutes leurs espérances.

Aussi, lui témoigna-t-il toute la bienveillance et toute la tendresse qu'une bonne mère peut avoir pour son fils bien-aimé et souffrant.

— Bien! c'est bien, mon ami! dit Vandebeer en posant sa main sur les papiers de Félix, pour arrêter sa lecture. Reposez-vous : le reste d'ailleurs vous regarde.

Il ne s'agit plus que d'une chose à présent,
c'est de pourvoir à l'avenir, et pour cela, de se
mettre en sûreté d'abord. Vous devez bien penser que, d'après ce qui vient de se passer là-
haut, vous serez recherché, et la police du jour
n'est pas douce, comme vous le savez.

Vous resterez donc ici jusqu'à ce qu'il n'y
ait plus rien à craindre. En attendant, nous
vous soignerons, moi, comme mon fils, Joseph
et Louis-Pierre, comme un bon ami ; nous
vous consolerons de toute notre affection, et...
pour vous distraire, ajouta d'une voix lente
mais bien accentuée le vieux Samuel, vous vous
occuperez de chimie. Nous vous fournirons à
cet effet tout ce que vous nous demanderez.

Mais d'abord reposez-vous, dit-il en se dé-
pouillant des vêtements qui lui étaient le moins
nécessaires, et en priant ses amis d'en faire
autant : voilà votre lit.

Et avec l'attention la plus délicate, Vandebeer étendit Félix sur le singulier lit qu'il venait
de lui improviser.

— Ah ! dit Vandebeer alors, comme s'il se
rappelait tout à coup un point important qu'il
avait oublié, nous avons là des diamants. Ils
sont à vous, mon ami, puisque c'est un don de
votre père, mais consentiriez-vous à nous les

partager, puisque vous avez la mine à votre disposition? Nous en ferions quatre parts, une pour chacun de nous.

Félix approuva, en souriant, l'idée du vieux Juif.

Les parts furent donc faites par Vandebeer, qui serra la sienne avec toute la satisfaction d'un connaisseur. Joseph, lui, mit ses diamants dans sa poche avec toute l'hésitation d'un homme qui n'est pas sûr de ce qu'il encaisse, et qui préférerait bien des espèces sonnantes à ces petits grains brillants. Quant à Louis-Pierre, qui était resté silencieux pendant ce partage, comme un conspirateur désappointé, il refusa net le lot qui lui était assigné.

— Merci! dit-il d'une voix sombre : je n'ai pas besoin de tout cela. La fortune n'est pas nécessaire à l'accomplissement de mon œuvre. Je vois, d'ailleurs, qu'en restant avec vous, quoi que vous en disiez, je n'arriverai à rien. Ah! je l'avoue, j'avais compté sur quelque chose de mieux que ce que vous voulez.

Pourtant je ne vous blâme pas, non! à chacun son idée. La mienne est, je crois, tout autre que la vôtre : vous verrez d'ailleurs, car vous en entendrez parler bientôt. Si je ne réussis pas, je n'aurai plus besoin de rien ; si, au con-

15.

traire, je réussis, eh bien, gardez-moi ma part de ces petits bijoux-là, car je viendrai vous la redemander. Adieu ! ou plutôt, au revoir, les amis ! En tout cas, ne craignez rien, je suis des vôtres, et, quoi qu'il arrive, souvenez-vous que Louis-Pierre sera muet comme un poisson.

Après ce petit discours qni surprit tout le monde, Louis-Piérre serra la main de ses amis, et se mit en route pour sortir des catacombes. Vandebeer et Joseph le suivirent. Félix resta seul, livré aux réflexions diverses que lui suggéra tout ce qu'il venait de voir et entendre.

# XXII

## LE 13 FÉVRIER 1820.

On était en février 1820. Le lendemain de la scène que nous venons de raconter était un dimanche. Dès le grand matin, Joseph descendit dans les catacombes, chargé de toutes sortes de provisions destinées à son ami Félix. Il s'étonna de ne pas trouver là le père Samuel, et il en témoigna son désappointement. Il était si joyeux, qu'il eût voulu que tout le monde fût témoin de sa joie.

— Sais-tu bien, mon ami, dit-il à Félix, tout en lui servant le déjeuner qu'il apportait, que tes petits grains brillants d'hier sont des diamants, de véritables diamants, et que chacun d'eux vaut dix fois mieux qu'un louis d'or? J'en ai présenté un, hier au soir même, à un joaillier qui m'en a donné plus de deux cents francs, et ce n'était pas le plus gros. Ah! mon ami.

que je te remercie ! lui dit-il, en lui baisant les mains avec toute l'exaltation de la joie la plus vive. Au moins je ne manquerai plus de pain : je suis riche, riche, riche, à cette heure, grâce à toi.

Et Joseph dansait, comme un fou, tout autour de son ami qu'il accablait de caresses. Il appelait à cor et à cri Samuel, pour le rendre témoin de son bonheur. Mais Samuel ne vint pas.

Samuel ne se trouvait pas moins heureux que Joseph cependant, bien qu'il fût plus sérieux et moins expansif. Les diamants avaient pour lui une valeur dont il n'avait jamais douté, et il les appréciait d'autant plus largement, qu'il fondait sur eux une espérance autrement chère pour lui que celle de ne pas mourir de faim. Il ne vint aux catacombes que dans la journée. Félix était seul en ce moment.

— Mon ami, lui dit-il, excusez-moi de mon retard ; il était tout dans votre intérêt. Je voulais vous apporter quelques mots de bonheur et des nouvelles, puisque vous êtes renfermé ici pour quelque temps au moins.

Après la lecture du testament du docteur Muller, l'idée me vint tout naturellement d'aller lui rendre mes devoirs, pour le remercier de ses philosophiques projets, et aussi, afin de pouvoir vous parler de lui. Mais le docteur n'est pas visible pour tout le monde, je n'ai pu pénétrer jusqu'à lui. Tout naturellement alors je me suis transporté là où je pensais avoir de ses nouvelles, chez madame de Lusigni.

Madame de Lusigni n'est pas, mon cher ami, ce que vous pourriez penser. C'est une excellente femme, une femme bienfaisante, un cœur d'or. Vous lui devez de la reconnaissance ; quand vous la connaîtrez mieux, vous verrez que vous lui devez plus.

Or, j'ai eu chez elle les renseignements que je désirais. Votre père est toujours le même, c'est-à-dire, toujours perclus, ne parlant pas, ne bougeant pas ; il mange, il digère, voilà tout. Voit-il ? on le suppose. Sa sentence est oubliée, grâce à madame de Lusigni, je crois. J'espère, moi, qu'elle sera bientôt pour lui un piédestal d'honneur, au train que vont les affaires.

Mais, avant de vous parler de celles-ci, laissez-moi vous dire que j'ai vu chez madame de Lusigni l'excellent Beauvallet, en compagnie de quelqu'un dont je ne vous dirai le nom que si vous me le demandez.

J'ai vu là aussi, et avec une grande surprise, Louis-Pierre, qui venait d'avoir une longue conversation avec la comtesse. Je ne savais pas que Louis-Pierre connût si particulièrement madame de Lusigni, et je ne sais pas quel secret il peut y avoir entre eux, pour qu'ils aient conféré si mystérieusement et si longtemps ensemble. Il est vrai que je ne tiens pas à le savoir : pourtant, après sa fugue d'hier au soir, cela peut bien m'étonner un peu.

Ah ! j'oubliais de vous dire que votre marquis de Bompart n'est pas mort. Je ne sais même pas s'il n'est pas tombé à terre, pendant votre lutte, par la peur seule du bruit de son pistolet. Il se croyait frappé sans doute, et il s'est trouvé mal.

Le fait est, sans rire, que sa blessure est peu de chose, si peu de chose même, qu'il a promis d'assister, ce soir, à une représentation qu'on donne par extraordinaire à l'Opéra. La duchesse de Berry doit y assister avec ses intimes. Le duc l'accompagnera peut-être. On a envoyé au marquis une invitation, et il a promis de s'y trouver. Vous voyez bien qu'en effet son mal n'était pas grand, comme je le disais.

Enfin, pour être votre gazetier complet, je vous dirai deux mots de ce qui se passe là-haut, au-dessus de nos têtes.

Quand je vous ai dit, mon ami, que la sentence cruelle prononcée contre votre père pourrait bientôt lui servir d'un piédestal d'honneur, j'avais raison. Il est évident que là-haut tout doit changer incessamment. Nos affaires vont à souhait : nos affaires ! je parle pour tout le monde, car je ne sais trop si nous, nous n'aurons pas qu'à attendre et qu'à laisser faire, au lieu de batailler pour notre propre compte. Tout le monde est mécontent, tout le monde le dit haut, bien haut ; tout le monde aspire à mieux que le présent, et tout le monde y travaille. Si bien qu'il n'y a pas de doute que sous peu nous aurons du nouveau. Je ne suis pas le seul qui le dise, et je ne répète pas des bruits en l'air, car moi, je l'ai vu. J'ai vu conspirer dans les caves, dans les rues, dans les salons, dans les chambres, sur les toits. J'aurais donc lieu de bien m'étonner si avec tout cela nous n'avions pas bientôt des révolutions, et une nouvelle société dès lors ; espérons-le du moins. Car une nouvelle société, ce sera la fin du privilége, de l'injustice, le commencement du droit et de l'égalité devant la loi, comme devant les hommes. Et lorsqu'il y aura égalité et justice, qu'aurons-nous à faire dès lors ? Rien, qu'à laisser marcher le monde avec confiance. Le vice qui nous heurtera sera honni, le crime qui nous frappera sera puni : n'est-ce pas là tout ce que nous demandons? Le père ne tuera plus sa fille en voulant tuer celui qui la tient dans ses bras pour la flétrir. Il aura justice, au moins, et il n'aura pas la douleur de la demander en vain à ses forces seules.

Donc, espérons, mon ami. Mais, tout en espérant, n'oublions pas de nous préparer au combat, n'oublions pas de fourbir nos armes. Nos armes, à nous, seront maintenant les conseils de votre père, et le secret qu'il nous a laissé. Lorsque vous vous sentirez assez fort, Félix, vous me le direz, et me demanderez les produits qu'il vous faut pour votre œuvre, je vous les apporterai.

Félix comprit parfaitement la pensée du vieux Vandebeer, et le but de ses amabilités. Mais comme il n'avait point de raison pour le froisser, il lui sourit tristement, et l'assura qu'il avait assez de forces, et surtout assez de courage, pour essayer d'expérimenter les travaux de son père. Il n'était pas moins curieux que Vandebeer, du reste, de continuer l'œuvre paternelle. Peut-être était-ce dans un même but d'avenir?

Il passa donc une partie de la journée à préparer ses fourneaux, et à étudier leur mise en scène, sans oublier de lire et relire le testament du docteur. Joseph et Samuel lui apportèrent tout ce qu'il demanda pour se livrer à son travail. Puis ils le laissèrent seul, lui promettant de revenir, cette nuit-là même, dormir à côté de lui, pour lui rendre les petits services dont il pourrait avoir besoin, en cas qu'il se fût trop fatigué.

Le soir, en effet, Vandebeer et Joseph revinrent, comme ils l'avaient promis, mais bien tard et tout effarés.

— Ah! mon ami, s'écria Vandebeer en serrant la main de Félix, nous venons de voir une scène... une scène navrante... un homme assassiné dans les bras de sa femme, au sortir de l'Opéra, le duc de Berry, et par qui? oui, par qui?

— Par Louis-Pierre, Louis-Pierre Louvel, dit Joseph. Ah! je ne lui croyais pas le cœur si dur.

— Oui, dit Vandebeer, en poussant un profond soupir, dont on aurait eu peine à déterminer l'émotion, oui!... Poignarder un homme, de sang-froid, l'arracher aux caresses de sa femme, aux baisers de sa fille!... S'il l'avait donc vu encore déshonorant sa femme, sa sœur... ou sa fille, ajouta-t-il d'une voix stridente, je lui dirais alors : C'est bien!

— Et dire que je n'ai jamais pu l'empêcher

de s'élancer sur la voiture, car j'étais là ; oui, j'étais là à côté de lui, répéta Joseph. Je croyais qu'il riait, quand il me dit : Attends, tu vas voir comme je vas bien le toucher. — Ah ! mais, pas de bêtise, Louis-Pierre, que je lui dis : Ris, mais ne tape pas. — Ah ! bien oui ! Il s'élança comme un tigre, en me donnant un coup de coude dans la poitrine, car je voulais le retenir, et puis, pan ! c'était fini.

— Le malheureux ! c'est à dégoûter des conspirations, dit béatement Vandebecr. Ah ! si j'avais su quel homme c'était que ce Louis-Pierre, je ne l'aurais jamais reçu près de moi. Il va nous trahir, et l'on nous accusera d'être des assassins.

— Oh, non ! pour ça, non ! dit vivement Joseph. Je connais Louis-Pierre. Il a pu faire la mauvaise tête, mais c'est un brave, il ne trahira personne. Il l'a dit, et je le crois, il sera muet comme un poisson. D'ailleurs, nous ne sommes pas ses complices, nous. Vous avez bien vu que, hier, il s'est séparé de nous, parce que nous ne voulions pas marcher dans le même chemin que lui.

— Et ta machine ? dit Vandebeer, avec ironie, à Joseph : qu'en voulais-tu donc faire ?

— Eh bien, dame ! répondit le facétieux Jo-

seph, si j'avais vu quelque jour cet homme-là,
lui ou d'autres, serrant de trop près ma femme,
ou ma fille...

— Assez! assez! dit brusquement Vandebeer, dont le front devint sombre de haine. Ne
me rappelle rien en ce moment, car tu pourrais
me rendre assez lâche pour rire de la mort de
cet homme.

— Vous avez raison : taisons-nous, et enter-
rons ma machine, repartit Joseph. Je crois
qu'elle sera mieux dans la terre que partout
ailleurs.

La conversation se termina là. Félix, qui l'é-
coutait sans rien dire, resta couché sur son lit,
où il finit par dormir un peu. Vandebeer et
Joseph restèrent assis à ses côtés, le dos appuyé
le long de la muraille, où ils ne dormirent pas
du tout.

Dès le matin, Joseph se leva et se promena
dans le laboratoire, à la lueur d'une petite lampe
qu'il alluma, pendant que Vandebeer et Félix
le regardaient avec curiosité, car ils se doutaient,
à la mobilité de ses traits, et à quelques gestes
comprimés de sa tête et de ses mains, qu'il
préparait une proposition qu'il avait à faire.

Il s'arrêta enfin devant eux.

— Dites donc, les amis, dit-il tout à coup,

j'ai réfléchi, moi, cette nuit à toutes nos affaires.
Si j'en voulais au monde, si je conspirais
contre lui, si je voulais le mitrailler, disons le
mot, c'est que je n'étais pas content. Le monde
me refusait de l'ouvrage et du pain, ma colère
était bien légitime, il me semble. Il devait me
nourrir, ou me faire travailler, ou bien me tuer,
si j'étais de trop sur la terre.

Mais maintenant, je n'ai plus besoin de travail; j'ai, grâce à toi, mon bon Félix, du pain,
et même de la fortune. Aussi, je n'en veux plus
à personne, je n'ai plus besoin de conspirer.
Voyons, ai-je raison? Répondez-moi. Si j'ai tort,
dites-le moi, je ferai ce que vous voudrez, car,
dans le fond, je suis bon, et, comme j'ai toujours obéi à **M.** Vandebeer mon premier bienfaiteur, je lui obéirai encore.

Félix avait écouté attentivement Joseph. Il
jeta sur Vandebeer un regard que celui-ci crut
comprendre.

— Je vous entends peut-être, mon ami, lui
dit le vieux juif d'un ton pénétré. Vous dites :
Joseph a raison de suivre son inspiration. Je
crois qu'il l'a suivie jusqu'à présent ; mais,
quoiqu'elle change de nature en ce moment,
laissons-la libre encore, ne la comprimons pas
par une pression intempestive. Donnons, au

contraire, à notre ami, un peu plus de fortune, pour appuyer ses penchants nouveaux ; donnons-lui la part de Louis-Pierre Louvel qui n'en aura probablement plus besoin.

Eh bien donc, ajouta Vandebeer en donnant à Joseph les diamants promis à Louis-Pierre, prends cela, l'ami Joseph, et sois heureux ! Ne reviens plus ici, ajouterai-je de mon plein gré, car tu ne nous y trouverais plus. Nous quitterons les catacombes, Félix, dit Vandebeer au jeune homme, il le faut. Nous aviserons ensuite à notre avenir.

Joseph baisa avec effusion les mains de ses amis, et partit avec une joie plus grande que celle qu'il avait éprouvée après la confection de sa machine meurtrière.

— Non, dit le vieux Samuel après le départ de Joseph, non, Félix, nous ne devons plus rester ici. A tout prix nous en partirons. Joseph est bon mais bavard : nous ne devons pas rester à sa merci. Nous serions un trop beau morceau pour la dent de la vorace police. Nos projets, d'ailleurs, ne sont plus qu'à nous deux... je me trompe... à nous trois toujours, mais alors ce sera madame de Lusigni qui remplacera Joseph, ajouta-t-il d'un ton ferme.

Félix regarda Vandebeer avec étonnement, à cette nouvelle imprévue.

— Oui, reprit Vandebeer, notre associée naturelle, à cette heure, est madame la comtesse de Lusigni, elle seule, elle, la fille malheureuse du malheureux avocat Patriciani ; elle, la pauvre Félicie Stella, la triste victime d'un guet-apens matrimonial ; elle enfin, l'inconsolable épouse du marquis de Bompart.

Si elle est la complice, ou au moins l'Égérie de Louis-Pierre Louvel, je n'en sais rien, mais je la plains sans la maudire, car les voies du ciel et de la justice sont souvent impénétrables, et la vengeance a ses droits et ses mystères. Ne les approfondissons pas trop, et que l'horreur qui plane toujours sur un crime attende avant d'immoler le coupable à la malédiction. Dieu a dit : Ne jugez pas, pour ne pas être jugés.

# XXIII

## DIX ANS APRÈS

En l'année 1830, les événements dont nous
venons de parler paraissaient complétement ou-
bliés. Ils avaient, il est vrai, déjà dix ans de
date. Il faut souvent moins de temps pour oublier le passé.

Joseph avait abjuré son petit nom, son nom
d'ouvrier et de misère. On ne le connaissait que
sous le nom de M. Rousselet, son nom de famille. C'est qu'aussi il était devenu un personnage important et bien noté dans son quartier.

Il habitait à Vaugirard, tout près de Paris,
une jolie et productive propriété, qu'il gérait
avec tout l'entendement d'un homme qui connaît le prix de la fortune.

Le mauvais rêve des conspirations n'avait
plus de charmes pour lui. Il était devenu un
homme heureux et rangé, quêtant, le diman-

che, à l'église, et trouvant sa place au banc
d'œuvre. Toute son ambition était, à cette heure,
d'une simplicité et d'une religiosité exemplaires :
c'était de soutenir dans sa main gantée de blanc
un gland du dais, ou quelque bannière, les
jours de fête majeure. Heureux Joseph ! il lui
fallait bien moins autrefois, et on ne lui accor-
dait pas même ce moins-là.

C'est qu'aussi, autrefois il n'était pas électeur ;
à cette heure, au contraire, il était électeur et
presque éligible. Il était même devenu électeur
influent, de par ce qu'on appelait alors la congrégation, qui le poussait et le grandissait offi-
ciellement partout. C'est assez dire qu'il avait
un parti. Au milieu de tous les partis du jour,
il avait embrassé celui de l'homme raisonnable
qui désire, avant tout, l'immobilité politique,
en vue de ses intérêts privés seulement, il faut
le dire. Joseph était donc toujours égoïste.

Tout près de M. Rousselet, demeurait Bauvallet. Le vieux grognard avait une position plus
modeste que celle de son voisin. Pourtant il
avait aussi des rentes, et des rentes en dehors
de sa pension militaire, à laquelle il eût volontiers renoncé, n'eût été sa croix d'honneur qu'il
craignait de compromettre, et qu'il choyait
avant tout. Paula, la pauvre Paula, veuve de

ses illusions d'autrefois, et regardant tristement
sa vie de jeune fille s'envoler à tire-d'aile, ne
le quittait plus. Son rôle unique était de consoler parfois encore son père dans les quelques
tourmentes où le vieillard se mêlait malgré
tout.

Le docteur Muller, lui, n'était pas mort. Sorti
de prison enfin avec sa grâce pleine et entière,
que l'on avait bien cru accorder à un mourant,
il s'était fait le commensal de son vieil ami,
qu'il rendait presque riche avec la pension
qu'une main inconnue avait constituée sur sa
tête, à lui.

Il était encore paralysé, mais en partie seulement. La voix et le mouvement lui étaient revenus quelque peu. Sa raison seule paraissait
arriérée dans ce rétablissement progressif : elle
était encore si peu lucide qu'il ne s'inquiéta pas
même une seule fois, d'où lui venait son aisance, après la perte de ses biens et de son fils.

Vandebeer était mort : on le supposait du
moins, et son âge rendait cette supposition fort
probable. En tout cas, on n'en entendait plus
parler.

Félix, de son côté, avait disparu, et depuis
longtemps même, depuis, du reste, sa sortie des
catacombes, le jour où Vandebeer avait déclaré

que son séjour  n'y  était  plus  sûr. Qu'était-il devenu? nul ne le savait.

La police, mise à sa piste par les dénonciations  du marquis de Bompart, n'avait pas été plus heureuse que tout  le monde. Elle avait su cependant que,  fuyant  devant elle, il s'était embarqué pour  aller chercher à l'étranger un repos qu'il ne pouvait plus espérer en France, de  longtemps du moins, et qu'il avait probablement péri dans  la traversée, le vaisseau qui le portait ayant  perdu une bonne partie de ses passagers dans  une violente tempête qui faillit l'engloutir tout entier.

Les dernières nouvelles que les amis avaient reçues de lui corroboraient assez cette opinion; la version seulement était différente. L'une de ces versions disait nettement que pendant une tempête horrible qui battit plusieurs jours de suite  le vaisseau  qui  le portait, Félix, pour échapper à quelques soucis cuisants, à quelques remords même,  d'autres disaient aux obses-sions intolérables du vieux Vandebeer, qui ne le quittait plus, Félix n'avait point péri accidentellement, mais qu'il s'était jeté de lui-même dans les flots.

Quoi qu'il en soit, le bruit de sa mort était accepté par  tous, excepté  par Paula pourtant, qui hochait toujours la tête, lorsqu'on en parlait. Elle pensait, elle, qu'il la fuyait, et rien de plus.

Un soir donc du mois de mars 1830, M. Rousselet vint faire une visite à son voisin Bauvallet. Sa figure était soucieuse.

— Ça ne va pas, père Bauvallet, lui dit-il. Je lis les journaux depuis quelque temps, les bons et les mauvais ; j'écoute parler l'un, parler l'autre : eh bien, je vous dirai franchement que je ne suis pas content. Je ne sais, en vérité, où l'on veut nous mener avec tout ça. Les libéraux sont d'une arrogance que je ne souffrirais pas, moi, si j'étais roi de France et de Navarre.

A la chambre... croiriez-vous qu'à la chambre des députés on se dispute comme dans les rues, comme dans les halles, comme dans les cabarets, les libéraux toujours. Ils disent des mots et des choses à faire rougir les honnêtes gens, les gens d'ordre.

Et que veulent-ils, ces beaux parleurs-là, ces grands diseurs de riens? Ce qu'ils veulent, père Bauvallet, ce sont des places, des honneurs, oui, des honneurs et des places, car ils ont tout le reste. Ils ont de la fortune, de beaux hôtels en ville, des châteaux à la campagne. Mais ils disent que ça ne suffit pas, qu'il leur faut encore la liberté. La liberté! chansons!

Est-ce que nous ne l'avons pas? Est-ce que nous n'avons pas la liberté des honnêtes gens?

Les malheureux, ils ne savent quoi dire pour endoctriner les gens simples. Ils se gardent bien de montrer le fond de leur sac, allez! Non, pas si bêtes. Mais ils vous parlent de ceci, ils vous parlent de cela, de la charte, d'indemnités, de milliards, de liberté de la presse, de congrégation, de sacrilége, de loi d'amour, de comités d'élections jacobines, et que sais-je de quoi encore, moi. Enfin, ces messieurs ne sont pas contents. Ils crient fort, ils conspirent, ils font des banquets révolutionnaires; ils élèvent autel contre autel, trône contre trône; ils veulent être Dieu, ils veulent être roi.. Oh! si j'étais roi de France et de Navarre, moi!

Croiriez-vous bien, père Bauvallet, qu'ils ont même des sociétés secrètes, comme les francs-maçons, et que leur société *Aide-toi, le ciel t'aidera*, qui n'était rien dans son origine qu'une coterie de petits mécontents, est maintenant une société dans toutes les règles de ces sortes de conspirations, un soupirail de l'enfer, quoi?

— J'en suis, moi, dit Bauvallet, qui avait écouté son voisin tranquillement, sans rien dire, et je m'y trouve en très-bonne compagnie.

— Ah! eh bien, mais qu'est-ce qu'on dit

donc de cette société-là alors ? Elle n'est donc
pas si méchante, puisque vous en êtes, vous,
un rentier comme moi, vous, un homme paisible comme moi, qui avez intérêt à ce que tout
marche droit, pour le bien de nos pauvres petites rentes. C'est égal, je ne voudrais pas de
ça, moi, si j'étais roi de France et de Navarre.
Savez-vous que ça gâte diantrement les affaires,
et que mes fermages se font mal, et que ceux
que je fais ne sont pas sûrs ? Car enfin, si la révolution revenait, et elle menace, me disent
mes fermiers, il nous faut bien garder un morceau de pain : la révolution, elle, n'en donne
pas. Ah, dame ! et là-dessus ils demandent des
diminutions, du temps ; ils ne se pressent pas de
payer, espérant que si la révolution revenait, ils
ne paieraient pas du tout. Eh bien, qu'est-ce
que vous dites de ça, père Bauvallet ?

— Moi ? rien, si ce n'est que je ne suis pas
si savant que toi, et que, malgré tout, j'aime
mieux hier qu'aujourd'hui.

— Ah ! répondit Joseph tout désappointé : et
moi qui venais vous demander pour qui vous
voterez aux prochaines élections.

— Aux prochaines élections ! dit Bauvallet
en ouvrant deux grands yeux étonnés. Oh ! nous

avons le temps d'y songer. Il y a si peu de temps que les dernières sont faites.

— Eh! eh! qui sait? repartit M. Rousselet On dit... pardieu! est-ce que vous ne savez pas bien qu'on dit que la chambre ne vaut rien; qu'elle a blâmé le roi dans son discours de l'adresse, et que le roi va la dissoudre pour en avoir une meilleure? Eh bien, c'est de cette autre-là que je veux vous parler.

— Ah, dame! nous verrons, mon vieux camarade. Quand nous serons à la fête, nous la chômerons... Mais dis donc, Joseph, est-ce que tu ne vois pas toujours M. le marquis de Bompart? dit en changeant tout à coup de conversation l'insidieux Bauvallet.

— Pourquoi me demandez-vous ça, père Bauvallet, quand je vous parle du gouvernement?

— C'est parce que je crois que ce monsieur-là est toujours du gouvernement, un zélé même, quoiqu'il ne soit plus le mignon de la cour.

— Je ne sais pas ce que vous voulez dire, père Bauvallet, répondit Joseph en se frottant les yeux, pour ne pas laisser voir l'embarras de sa physionomie.

— Bah! comme si je ne t'avais pas vu, l'autre jour, à la fenêtre de son appartement du boulevard, fumant avec lui, comme un habitué de la maison, repartit Bauvallet en souriant d'aise de voir que sa question avait porté juste.

— Eh bien, quand ce serait ?

— Quand ce serait, mon garçon ! Comme tu dis ça ! Mais je ne te le reproche pas, moi. M. le marquis est un homme riche, très-riche, un homme très-important, électeur et éligible, avec lequel ce n'est point un crime de se trouver. Il serait sans doute, comme il te le dit probablement, et comme il le croit, un orateur très-utile à la chambre. Pour moi, cependant, j'aimerais mieux qu'il songeât à moraliser le peuple, en donnant le bon exemple. Il me semble que celui qui veut faire de bonnes lois devrait être d'abord un citoyen irréprochable. Aussi devrait-il commencer par se rapprocher de sa femme.

— Comment, sa femme ! Mais que dites-vous donc là, mon vieux ? Il est veuf.

— Bah ! comment donc que ça se fait alors — mais tu dois savoir ça, toi qui lis les journaux — comment donc que ça se fait alors que mademoiselle Félicie Patriciani, épouse de M. le marquis de Bompart, demande une séparation judiciaire à son mari, qui l'a délaissée depuis longtemps déjà ? Est-ce bien délaissée qu'on a dit? reprit Bauvallet en cherchant dans son souvenir... Non, vendue, on a dit vendue à un haut monsieur de la belle et vertueuse cour, à *l'autre*, car on l'appelle l'autre maintenant, pour ne pas dire son nom qui est trop élevé. Les gens bien informés disent cela du moins.

— Ce sont des calomnies, père Bauvallet.

— Oui-dà! tu en sais donc quelque chose, toi, qui disais que tu ne savais rien?

— Après tout, qu'est-ce que c'est que madame de Bompart? Une Félicie Stella, une Carlotta! est-ce qu'on avoue ces femmes-là?

— Tiens, tiens, tiens! fit le malicieux grognard : tu en sais plus long que tu n'en veux dire, mon garçon. Alors, à bon entendeur, salut! n'en parlons plus, car je vois que tu veux jouer au fin, mais que tu n'as rien à apprendre de moi.

— Il n'en est pas moins vrai, dit Joseph, qui n'était pas venu pour parler de M. et de madame de Bompart, mais de politique, il n'en est pas moins vrai que tout ça n'est pas rassurant.

— Quoi donc?

— Mais les libéraux.

— Ah! tu y tiens! eh bien, je les aime, moi, ces gens-là, et je te le dis.

— Tant pis!

— Pourquoi donc ?

— Parce que ce sont les ennemis de l'autel et du trône.

— Après ?

— Ah ! vous êtes bon, vous, après !

— Oui. Sont-ils les ennemis du peuple ? Veulent-ils la ruine du peuple, le déshonneur du pays, l'abolition des bonnes lois, la terreur enfin ?

— Eh ! eh ! fit Joseph en hochant la tête.

— Alors, mon garçon, tu ne sais rien ; tes journaux ne t'ont rien appris. Tu ne sais que ce que t'a dit M. de Bompart, qui t'a trompé, parce qu'il veut être député, mais qui ne le sera pas.

— Bah ! vous croyez ça, père Bauvallet ?

— Oui, je crois ça, et pourtant je ne lis pas les journaux, moi.

— Eh bien, vous vous trompez, mon vieux grognard. On dissoudra la chambre, qui ne veut pas faire de bonnes lois ; on en nommera une autre qui marchera dans le bon chemin, et dans laquelle sera M. de Bompart. Les libéraux gronderont ; on les laissera gronder, ajouta Joseph en s'animant. Nous avons des hommes de tête dans le gouvernement ; nous avons des soldats bien dévoués et de bons canons pour mettre les mécontents à la raison.

— Oui, va-t-en voir s'ils viennent, Jean ! répondit Bauvallet en ricanant. Qui vivra verra, d'ailleurs. Pour l'instant *motus !* je n'ai plus rien dire à te dire là-dessus.

— Vous dites ça, parce que vous êtes de la société révolutionnaire *Aide-toi, le ciel t'aidera,* dit Joseph en riant aux éclats.

— *Motus*, je te dis, mon garçon ! La société est ce qu'elle est, et ton gouvernement est ce qu'il est : mais n'en parlons, plus et restons amis, comme par le passé. Pour cela, plus de politique. Chacun pour soi ! comme tu disais autrefois.

— Autrefois, autrefois...

— Autrefois tu parlais mieux qu'aujourd'hui ; je ne te dis que ça.

— J'étais si jeune.

— Oui : vingt-huit ans, si je me rappelle ; et aujourd'hui tu es vieux, bien vieux, tu en as trente-huit, si je sais bien compter.

— Après tout, répondit Joseph avec un peu d'aigreur, vous ne reconnaissez donc pas à l'estomac affamé le droit de crier famine ?

— Si, mais pas avec des principes qu'il doit abjurer plus tard. Pour moi, vois-tu, je suis juste : je ne change pas plus que les principes, et je voudrais que l'ami Joseph fût aujourd'hui ce qu'il était autrefois... moins la misère, ajouta Bauvallet, en serrant affectueusement la main de son ancien camarade d'infortune.

Joseph ne répondit pas. Le but de sa visite étant perdu, il n'y parut plus songer, en changeant tout à coup de conversation.

— Et le docteur Muller, qu'en faites-vous ? dit-il en tournant la tête vers un des coins de la chambre où ils étaient.

Le docteur, en effet, était là, assis dans un large fauteuil, la tête baissée sur la poitrine, les deux mains jointes sur son ventre. Il dormait.

— Le docteur est heureux, répondit Bauvallet, plus heureux que nous, car il ne s'occupe de rien, ni du passé, ni du présent, ni de l'avenir. Je ne sais même pas s'il pense : et aujourd'hui, si ce n'est toujours, moins on pense, plus on est heureux.

— C'est peut-être vrai ça, mon vieux camarade, répondit Joseph, en se levant pour partir... Ah ! à propos, et Félix ? ajouta-t-il en s'arrêtant tout à coup.

— Pas de nouvelles, répondit à demi-voix

Bauvallet, en posant un doigt sur ses lèvres, en signe de discrétion, car sa fille était là.

Joseph Rousselet sortit alors, en faisant un salut cérémonieux à Paula, qui ne parut pas le voir.

# XXIV



Joseph et Bauvallet avaient parlé, au coin de leur feu, comme parlaient les deux camps politiques qui divisaient la France, à cette époque, celui de la cour et celui de la ville.

La cour, qui trouvait que la charte octroyée, dans un jour de faiblesse obligée, lui faisait une trop petite part dans le gouvernement des affaires, voulait en élargir les concessions à son bénéfice. Elle se préparait à conquérir ce but avec toute la confiance de la force morale et matérielle, qu'elle possédait ou croyait posséder.

La ville, de son côté, qui n'avait point encore oublié le passé, et qui s'en trouvait quelque peu garantie par l'abri de la charte, se cramponnait de toutes ses forces à son frêle appui. Elle aussi avait confiance en sa force morale et matérielle.

17

Une lutte était donc imminente, car ni la cour, ni la ville, ne songeaient aux concessions, et chacune se préparait à attaquer ou à se défendre.

Mais si la polémique était, des deux parts, vive et agressive, des deux parts aussi l'entrain du plaisir ne se ralentissait pas.

A la cour, les soirées royales, les jeux du roi, comme on disait alors, étaient fort suivies.

A la ville, les réunions gastronomiques et dansantes, ne l'étaient pas moins.

C'était, du reste, un moyen de se compter au moins. La politique n'y perdait donc rien, bien qu'elle ne parût être là qu'un accessoire. Véritablement elle était tout, à cette heure, et l'on ne manquait pas de l'aiguiser à table, dans l'entrain de la bonne chère, et de la ranimer dans l'enivrement des menuets. C'était double profit. Aussi, chacun s'applaudissait-il de mener heureusement ses affaires, tout en prenant gaillardement du plaisir.

Dans un moment pourtant, l'étoile de la ville parut pâlir devant l'étoile de la cour, car une grande question surgit tout à coup dans la politique, une question qui promettait de faire une diversion heureuse en faveur du gouvernement, la question d'Alger, que le ciel sembla faire naître tout exprès pour sauver le roi très-chrétien.

Charles X, en effet, accepta cette question de salut avec l'empressement d'un croyant aux abois. Il en bénit Dieu, et la salua avec tout l'enthousiasme d'un fidèle et valeureux chevalier.

La ville, la France tout entière lui sut gré de son généreux vouloir. Elle écouta avec respect et dévouement son appel aux armes ; elle vit avec transport les sérieux et grands préparatifs qu'il fit pour la guerre.

Aussi, Paris s'amenda-t-il un peu dès lors envers la cour, sans renoncer, toutefois, aux espérances de sa politique privée. Il se fit tout yeux et tout oreilles pour voir et entendre la grande cause dont les péripéties diverses allaient offrir un vif aliment à sa curiosité, autant qu'à sa sensibilité patriotique. Tout le monde devint soldat, tout le monde devint savant en l'art de la guerre, tout le monde devint prophète de bonheur, à son profit, bien entendu.

Les cartes de l'Algérie couvraient tous les guéridons, l'histoire de ce pays était ouverte dans toutes les maisons. Sa civilisation passée n'était plus inconnue à personne ; ses grandes guerres d'autrefois, ses luttes avec les vieux

Romains, ses luttes avec les barbares du moyen
âge, puis enfin sa barbarie dernière, étaient
analysées par tous. Quelle gloire d’aller réveiller un si beau pays, de le conquérir, de le civi-
liser encore !

Aussi, tout ce qui venait de là était-il reçu
avec avidité, analysé, disséqué avec toute l’ardeur de savants à la recherche d’un grand et
souverain problème.

Il y avait, dans ces jours-là, à Paris, dans un
petit et riche hôtel du faubourg Saint-Honoré,
un personnage qui était arrivé depuis plusieurs
mois mystérieusement, sans bruit et sans fracas. Sa fortune était immense, disait-on, quoiqu’il eût peu de train, et qu’il affichât la simplicité d’un bon bourgeois. Il ne cherchait point
à se faire ouvrir aucune porte dans la capitale,
et il ne paraissait pas tenir à ouvrir la sienne à
qui que ce fût. Aussi le laissait-on parfaitement
tranquille : à peine s’il avait fait, à son arrivée,
quelque sensation dans son voisinage.

Ce personnage était un Algérien, c’était
Ismaïl Bey, neveu de l’ancien dey d’Alger,
Kodja, auquel avait succédé le dey actuel, Hus-
seyn.

Bien qu’il fût surveillé de près, de très-près
même, par le soupçonneux Husseyn, qui le

craignait à cause de sa parenté, et le jalousait pour ses grandes richesses, sur lesquelles il n'aurait point été faché de mettre la main, Ismaïl avait été assez heureux pour réussir à s'échapper de la Régence, en emportant la majeure partie de sa fortune, et il était venu se réfugier en France.

La France n'était pas tout à fait un pays inconnu pour lui : il y avait passé quelques années de son jeune âge. Mais il n'y avait pas laissé d'amis, et il n'avait gardé de notre beau pays d'autre souvenir que celui de sa bonne hospitalité. Ce souvenir l'y ramena, aux jours de la tempête qui le menaçait dans sa patrie.

Il y vécut, comme nous l'avons dit, dans le calme et la solitude pendant les premiers mois de son arrivée. Mais lorsque la guerre avec l'Afrique fut résolue, le nom d'Ismaïl Bey éclata tout à coup comme une nouveauté précieuse.

Ce que l'Africain n'avait pas recherché, s'offrit dès lors spontanément, la notoriété. Les ministres le visitèrent, les hommes politiques s'empressèrent de se renseigner auprès de lui. Toutes les portes dans la ville lui furent ouvertes, et la sienne fut presque forcée. Ismaïl, du reste, se prêta à ces douces violences avec la meilleure grâce du monde, et chacun convint

que pour un barbare il offrait des qualités assez
éminentes pour faire rougir quelque peu notre
civilisation guindée.

Il était l'homme de la nature, l'homme fort
et développé comme un chêne des forêts vier-
ges, loin de cette culture rabougrie qui ne fait
que des avortons. Ismaïl était peut-être, après
cela, le plus beau sujet du type de la race africaine.

Sa taille était haute, bien proportionnée dans
toutes ses parties, sans embonpoint comme sans
maigreur. Sa figure un peu longue, comme celle
du Christ, était sereine, calme, ouverte. Elle
eût laissé deviner les sentiments d'une belle
âme aux physionomistes, si la physiognomonie
n'a point un doute. Ses cheveux croissaient en
toute liberté, ainsi que la barbe, soignés avec
la délicatesse d'un bon goût au-dessus des habitudes ordinaires d'un barbare plébéien. Ils
étaient grisonnants, et, bien que la figure fût
pleine de la vigueur de la jeunesse, on pouvait
augurer que cet homme avait de quarante-
cinq à cinquante ans environ.

Evidemment la société de Paris pouvait offrir
aux regards des amateurs du beau des modèles
aussi parfaits que ceux de la race africaine,
mais Ismaïl avait sur eux l'avantage du pitto-

resque de son costume, et il fut proclamé l'homme le plus beau de Paris.

C'est assez dire quelle fut son influence dans tous les cercles où il se rendit, et avec quel empressement on assiégea ses salons, lorsqu'il daigna les ouvrir à la curiosité publique. Les hommes de tous les partis s'y rendirent. Bien que tous les camps eussent déjà dressé leurs tentes pour la guerre, que chaque soldat fût marqué au front du signe de son parti, on y fit trêve à ses inimitiés belliqueuses, pour causer plaisirs, affaires quelquefois, sous l'œil de l'Africain, qui était pour tous comme un lien d'union.

Or, un soir du mois de mai, il y avait grande réception à l'hôtel d'Ismaïl. Comme d'habitude, tous les belligérants, amis et ennemis, y étaient au grand complet. Mais la politique devenant de plus en plus agressive, les partis aussi paraissaient se distinguer un peu plus qu'à l'ordinaire. Ils se recherchaient et se groupaient avec affectation, pour parler, évidemment, de leurs intérêts réciproques, et compter leurs chances d'avenir.

— Ah! que je suis heureux de vous rencontrer ici! dit le baron A..., en abordant le comte B..., auquel il tendit la main. Je ne sais, en vérité, si je ne vous cherchais pas, malgré le peu de sérieux de votre esprit qui rit de tout, malgré aussi la petite variété de nuance qu'il y a dans notre manière de voir, et qui nous fait regarder tous deux en ce moment, car je vois que ce soir on ne se mêle pas.

— Parlez, mon cher baron, parlez : je vous écouterai avec tout le sérieux possible, répondit le comte B...

— Ah ! eh bien, savez-vous la grande nouvelle ?

— Quoi donc ? Alger serait-il pris ? répondit le comte avec un sourire narquois, qui désolait d'habitude son ami de circonstance, le baron A...

— Bon ! dit le baron en haussant les épaules, voilà déjà que vous plaisantez, car vous n'ignorez pas que les troupes n'ont pas encore quitté Toulon.

— Dame ! qui sait l'efficacité des prières de notre pieux monarque ?

— Oui, oui, je sais que vous aimez à rire, et à mordre sur le dos du prochain, mais ce que je dis, moi, est sérieux, et vous ne le connaissez pas.

— Et vous voulez que je le devine ! Eh bien, c'est fait : vous voulez me dire qu'Ismaïl est devenu bon chrétien, qu'il suit dévotement les exercices de la mission, et qu'il portait, l'autre jour, un cordon du dais à la procession du jubilé.

— Oui, plaisantez toujours, mon cher B..., pour cacher votre défaite ; je n'en vois pas moins que vous ne savez rien. Eh bien, je veux vous dire qu'il y a une grande nouvelle sur le tapis, c'est que nous avons un autre gouvernement.

— Bah ! répondit le comte, en écarquillant le plus ouvertement possible ses deux yeux : Charles X est déjà parti ?

— Comment, déjà ! dit le baron avec une tristesse pleine de dignité : est-ce que vous croyez qu'on doit le chasser de France ?

— Dame ! on voit tant de choses étranges aujourd'hui, votre autre gouvernement, par exemple, sans que Charles X ait quitté les Tuileries.

— Oui, un gouvernement occulte.

— Ah bah ! un vieux de la montagne peut-être ?

— Je ne sais, mais des francs-juges toujours.

— Tiens, tiens, tiens !... Au fait, pourquoi n'aurions-nous pas ça, ne fût-ce que pour la drôlerie de la chose ? Des souterrains, des réunions mystérieuses au fond des forêts, des feux sur les montagnes au milieu de la nuit, des apparitions surnaturelles partout, des vieux châteaux, des enlèvements, des morts subites... et que sais-je quoi encore?

— Non, rien de tout cela, mais voici exactement, car j'y suis pour quelque chose, moi, dit le baron en baissant la voix et regardant à ses côtés, pour voir si quelque oreille indiscrète ne l'écoutait pas.

— Vous! Ah! mon ami, contez-nous donc ça, répondit le comte en prêtant une oreille attentive, et prenant une figure moitié sérieuse, contre son habitude.

— Il y a huit jours, dit le baron, je me promenais à cheval dans la grande avenue des Champs-Elysées. Un monsieur, qui était à cheval aussi, m'aborda avec toute la courtoisie d'un homme du monde : Monsieur le baron, me dit-il... il paraît qu'il me connaissait, bien que je ne le connusse pas du tout, fit remarquer le baron... monsieur le baron, voudriez-vous me rendre un petit service?... — Monsieur, lui répondis-je avec toute la courtoisie qu'il avait mise à me parler, je suis à vos ordres. Si cela est facile, c'est fait ; si c'est difficile, ça se fera. Il sourit.—C'est très-facile, dit-il : ce n'est qu'un petit message, que je ne peux remplir moi-même, auprès d'un sieur Pillot, un épicier de la rue Saint-Martin... Et il me donna l'adresse bien précise.

Cet homme, ajouta-t-il, était autrefois homme de peine dans une bonne maison de commerce. Ses affaires ont assez bien prospéré, il paraît, car, en dix ans, il a pu amasser, avec ses petits gages, une somme assez ronde, vingt mille francs, je crois. De ces vingt mille francs il a fait deux parts : avec l'une il a acheté une petite maison de campagne, où il fait, de temps en temps, le grand seigneur, car il est orgueilleux ; avec l'autre part, il a acheté un bon petit fonds d'épiceries, qui fournit à ses besoins et à son luxe de petit grand homme.

C'est très-bien : mais il a commis un méfait autrefois, me dit toujours le monsieur, il en a bien commis d'autres depuis sans doute, mais je ne parle que de celui d'autrefois. La justice du gouvernement l'a ménagé dans cette affaire, mais un autre gouvernement, qui n'a à sa disposition ni tribunaux publics, ni prisons, ni cinq cent mille soldats, a voulu connaître de ce méfait, et il a condamné le sieur Pillot à voir son commerce ruiné, ou sa maison de campagne détruite, ou lui et sa famille livrés à quelques graves punitions, à moins qu'il ne consente à se promener, pendant deux jours de suite, sur les grands boulevards, de midi à trois heures, avec une longue et large croix blanche tracée sur le dos de son plus bel habit...

— Peste! s'écria le comte en interrompant le baron : et vous m'accusez d'être plaisant! Je trouve, moi, que votre gouvernement est bien plus plaisant encore. Mais pardon, continuez...

— Je ne sais si le gouvernement est plaisant, répondit le baron, mais son ordre était cruellement plaisant, comme vous allez le voir.

— Voyons, mon cher baron... D'abord qu'avez-vous répondu à votre cavalier des Champs-Elysées?

— Rien : je n'eus pas le temps, car, au moment que je relevais les yeux vers lui, pour lui rire au nez, il détala à franc étrier, en compagnie de trois autres cavaliers qui le rejoignirent en un clin d'œil. Cette affaire me parut assez bizarre, comme vous le pensez bien. Avais-je affaire à un fou ou à un mauvais plaisant? Je voulus le savoir. J'étais piqué au vif de la curiosité, car, je vous l'avouerai, j'avais déjà eu vent de quelque affaire de ce genre, qui m'avait été racontée avec des fous rires.

Je me rendis donc à l'adresse indiquée : j'y trouvai messire Pillot, lui racontai mon aventure, et le laissai parfaitement libre d'en prendre à son aise. Il rit, haussa les épaules, et me demanda mon adresse, que je ne lui laissai pas, ne voulant pas tremper davantage mes doigts dans le ridicule de cette affaire. Mais je me tins en éveil, pour tâcher d'en savoir le cours.

Le lendemain, Pillot se promena sur les boulevards, mais sans la croix sur le dos de son habit, bien entendu. Le soir même, toute la devanture de sa boutique et les bocaux qui la garnissaient furent brisés par un énorme pavé.

Les coupables ne furent pas trouvés ; personne n'avait rien vu, que des passants inoffensifs. La police fut prévenue, ma visite lui fut racontée, et la boutique du marchand surveillée.

Mais Pillot n'alla pas sur les boulevards, pour purger sa condamnation.

Le second soir de ma visite, un pan de la maison de campagne de Pillot sauta sous le fracas d'une mine.

Pillot, dès lors, prit la chose au sérieux, et la police aussi. Mais on ne découvrit rien. L'ennemi était invisible et redoutable, on le voyait bien. Le petit commerçant s'inquiéta vivement de la ruine qui le menaçait, mais que faire pour l'éviter? On paraissait pressant, sa ruine ne serait-elle pas consommée avant qu'on eût mis la main sur le démon qui était sur ses talons?

Pourtant, aller sur les boulevards pour se livrer à la risée de tous, lui, un homme fier! Se donner en spectacle, comme un fou! Ah! plutôt mourir!

Il se hasarda, cependant, à retourner sur les boulevards, mais toujours sans croix sur le dos, et seulement pour voir s'il ne rencontrerait pas par hasard son ennemi. Il ne vit rien. Il s'élança, tout furieux alors, dans un fiacre, pour revenir. Le fiacre fut percé de deux balles, tirées au même instant, qui tombèrent à ses pieds. Cette fois il eut véritablement peur.

Enfin, comte, que vous dirai-je? Les choses allèrent si bien qu'hier et aujourd'hui Pillot s'est promené sur les boulevards, comme le voulait l'ordre que je lui avais transmis, et ce soir j'apprends qu'il est presque mort de honte et de confusion.

— Tenez, messieurs, dit un monsieur, qui venait d'entendre d'une oreille une partie du récit du baron, et qui présenta un journal, qu'il tira de sa poche, voilà votre affaire dans ma chronique du soir. Si vous le permettez, je vais vous la lire.

Et, sans attendre la permission, il se mit à lire :

« Hier et aujourd'hui, les curieux des grands

boulevards ont pu voir, de midi à trois heures, se promener gravement et dans un costume irréprochable d'élégance un monsieur de quarante ans environ, portant au milieu du dos une énorme croix blanche à la craie, tracée sur son habit. Il était seul, et rien n'indiquait qu'il fût en état de folie, ou d'un caractère à faire le plaisant. Il marchait lentement, comme un promeneur qui n'a rien à faire, et il ne sortit pas de la ligne des boulevards.

» Il paraît qu'à son arrivée en promenade un monsieur s'approcha de lui, et lui fit remarquer poliment la tache de son habit, tout en faisant mine de l'effacer. — Laissez-moi, je vous prie, monsieur, répondit l'homme à la croix, en se retournant vivement, pour qu'on n'y touchât pas. — Mais, monsieur... dit l'obligeant. — Mais, monsieur, répondit-il, je vous en prie, laissez-moi! je sais ce que je fais. — Ah! pardon, monsieur! dit le promeneur en s'éloignant, et en riant assez haut pour être entendu dans le voisinage.

» Dans ce voisinage, il y avait des enfants, des gamins de Paris : Hé! le m'sieu! Ohé! lui cria l'un. — Est-elle bien lourde, votre croix? lui cria un autre : faut-il que je vous aide à la porter? — Ohé, m'sieu, deux sous, si vous voulez que je porte votre habit chez le brosseur ! — Tiens, regardez donc cet homme, dit un loustic ! nous ne sommes pourtant pas en carnaval. — Non, mais, dit un autre, on a ouvert aujourd'hui les portes de Charenton, et les fous prennent le grand air des boulevards. — Mais, en vérité, c'est que cet homme-là est très-bien, dit un autre gamin. — Pourquoi pas, répondit un voisin, puisque c'est un croisé, qui part pour la Palestine? — Dites donc, les autres, dit, de son côté, en prenant un grand air sérieux, un *titi* de dix-huit ans peut-être, qui marchait en tête de cinq ou six mauvais sujets comme lui, regardez-donc ce pénitent ! C'est égal, son confesseur est un peu dur de l'envoyer ici dans cet état. — Ah, bah ! mais c'est l'épicier de là-bas : dis donc, Chose, il paraît qu'il est devenu toqué ! — C'est-il étonnant, répondit Chose, on dit que sa femme a trop culotté de pipes dans sa vie...

» Et ce malheureux a supporté pendant deux jours mille et mille quolibets plus désobligeants les uns que les autres. Si bien qu'on le dit très-malade aujourd'hui, et qu'on a été obligé de le ramener des boulevards dans un état alarmant.

» On ne dit pas le motif de cette singulière bizarrerie, mais il paraît que cet homme n'est pas fou. On ne peut expliquer son action qu'en supposant, cependant, qu'il a été pris passagèrement d'aliénation mentale.

» C'est d'ailleurs un très-honnête homme, dont nous tairons le nom, pour les bons antécédents et pour l'honneur de sa famille. »

— Croyez-vous, comte, dit alors le baron, que c'était là une simple plaisanterie ?

— Non, baron, non, c'était là un châtiment, et un châtiment qui a été mené bien serré, si bien serré même qu'à son endroit nous sommes tous capots, vous d'abord... Après cela, vous en connaissez peut-être les auteurs ?

— Point : est-ce qu'on connaît jamais ces gens-là ? ça se grime comme d'habiles comédiens.

— Alors le châtiment est complet, dit le comte ; car je vois que définitivement c'était bien un châtiment.

— Sans nul doute, dit un autre monsieur qui se mêla tout à coup à la conversation. J'en sais un qui vient probablement de la même source.

— Alors racontez-le nous, monsieur, répondit le comte, puisque nous en sommes, ce soir, réduits aux *ana* des comtes des *Mille et une nuits*.

— J'ai pour voisin, dit le monsieur, un ancien juge de paix, qui n'a plus pour toute famille, qu'une fille, et une petite fille aussi pourtant, car sa fille est mariée. Son gendre a acheté fort cher un magasin de nouveautés, dans lequel et la fortune du gendre et la fortune du beau-père se sont réunies pour suffire aux exigences de la position. Le commerce n'a pas prospéré ; de bonne la maison est devenue médiocre, puis mauvaise. Si bien que l'on compta, pour la relever, sur le mariage de la petite-fille avec un jeune homme, qui en était vivement épris, et qui était fort riche.

Mais voilà que tout à coup la jeune fille a disparu, pendant six jours seulement, il est vrai : on l'avait enlevée. Bien qu'elle assurât que son enlèvement avait été involontaire de sa part, bien qu'elle jurât qu'on l'avait respectée comme au sein de sa famille, le fiancé se retira. La faillite va inévitablement venir ruiner et déshonorer le vieux juge.

C'est moi, messieurs, qui ai été chargé par un monsieur inconnu et que je ne pourrais reconnaître, d'annoncer à cette malheureuse famille que le rapt de la jeune fille était un châtiment aussi, un châtiment infligé au juge ignorant ou injuste, qui avait oublié la dignité

de la loi dans un de ses jugements de l'année
1819, dans une affaire Pillot, je crois, affaire,
du reste, que le juge a parfaitement reconnue.

— Tout cela est bien étrange, dit le comte. Je
crois cependant, messieurs, parce que vous
m'assurez que cela est vrai… Et vous, monsieur
de Bompart, dit le comte au marquis, qui venait d'arriver au milieu du petit groupe de
causeurs, qu'en pensez-vous ? Voici les histoires
du jour.

Et le comte raconta en quelques mots ce
qu'on venait de lui dire.

— Je n'y crois pas, répondit le marquis. Le
gouvernement des francs-juges est impossible
chez nous. Personne ne sera jamais assez puissant pour transformer Paris en forêt de Bondy.

— Eh bien, moi, riposta le comte, je crois à
cette puissance-là, d'après le témoignage de ces
messieurs, et j'y crois si bien, que je porterai la
lourde croix de Pillot sur mes épaules, le jour
qu'on me l'ordonnera. Heureusement que je ne
me vois point de gros péché dans ma vie. J'ai
toujours fait en sorte de marcher droit devant
moi, de ne heurter méchamment personne dans
mon chemin. Aussi, j'espère bien ne jamais
sentir sur mon épaule la lourde main du gen-
darme du gouvernement occulte.

Un mouvement dans le salon vint troubler le tête-à-tête du petit groupe causeur, en ce moment. C'était Ismaïl qui venait de le produire, en se promenant au milieu de ses invités, qu'il saluait avec toute la courtoisie d'un grand seigneur.

M. de Bompart en profita pour se diriger vers la porte de sortie. La soirée ne lui avait point paru bonne : il lui avait semblé rencontrer un peu de froid sur la figure de ceux qu'il croyait ses amis. Sur le seuil de la porte de la rue, au moment où il allait mettre le pied dans sa voiture, une main le retint : c'était celle du comte B...,

— Monsieur le marquis, lui dit celui-ci, une demande en séparation légale est déposée contre vous par madame de Bompart. Vous êtes, je crois, déterminé à ne point y mettre d'obstacle. J'ai ordre de vous dire, cependant, que vous ne devez pas accepter.

Il faudra que vous plaidiez le refus.

— Pourquoi? dit le marquis.

— Je vous ai dit que j'avais ordre de vous recommander cela.

— Ordre de qui?

— Du gouvernement occulte, qui a condamné Pillot et le juge que vous savez.

— Vous en faites donc partie ?

— Pas plus que le baron A..., pas plus que l'autre monsieur de tout à l'heure.

— Ah ! et pourquoi dois-je plaider ? Le savez-vous au moins ?

— Oui, on me l'a dit : c'est afin que vous soyez déshonoré par la plaidoirie de l'avocat de madame la marquise, qui racontera que vous avez épousé votre femme pour la vendre. Au revoir, marquis !

Le comte s'échappa sur ces mots, et le marquis monta dans sa voiture, plus pensif et plus croyant qu'il n'aurait voulu l'être.

# XXV

## ISMAÏL ET LE VIEILLARD

Lorsque la porte du petit hôtel du faubourg Saint-Honoré fut fermée sur le dernier des invités, il ne resta plus dans le salon que Ismaïl et un vieillard d'un âge très-avancé mais nullement caduc.

— Eh bien, Ismaïl, dit le vieillard, nous voilà seuls, à cette heure, comptons les bénéfices de notre soirée.

— Je ne sais si j'ai bien entendu, répondit l'Africain, mais j'ai appris que tout marchait bien ; que le roi entrait de plein pied dans nos projets, conduit par la main mystérieuse de Mariette.

— Mariette? dit le vieillard, en regardant d'un œil interrogateur Ismaïl, qui levait les yeux au ciel et haussait les épaules, comme pour plaindre sans doute l'infirmité humaine.

— Mariettte est la femme de chambre de madame la duchesse de K..., dit Ismaïl. Elle a pour amant Laviolette, qui est le piqueur de M. le duc de K..., et le pourvoyeur de ses plaisirs de toutes sortes. Mariette a facilement été gagnée par nos boudjous : elle a gagné, sans boudjous sans doute, son amant, qui a soufflé, comme un homme d'Etat, nos projets au duc de K... Le duc de K.., à son tour, pour plaire bien certainement à son piqueur, dont il ne saurait trop récompenser les services et acheter trop cher le silence, le duc de K... s'est hâté de parler au ministre, qui, voulant être agréable à M. le duc et à ceux de son parti, a chaleureusement recommandé notre idée au Dauphin, lequel a dissipé les hésitations du roi. Si bien même que le roi aujourd'hui est plus ardent que tous les autres, et qu'il veut bon gré mal gré un coup d'Etat. Nous l'aurons, puis, nous aidant, Dieu fera le reste, ajouta-t-il en redressant le dire du proverbe.

Le vieillard sourit.

— Les puissants qui nous ont fait tant de mal, reprit l'Africain, les favoris qui nous ont écrasés, les marquis, les princes qui nous ont avilis, déshonorés, quitteront la place, je l'espère, et subiront le châtiment qu'on doit réserver à ceux qui abusent des préjugés sociaux. Tout me le dit du moins, et madame de Lusigni le veut.

— C'est bien : mais pour l'heureux accomplissement de nos grands projets, l'œuvre compliquée de Mariette ne nous donne qu'un bon point. Avez-vous d'autres auxiliaires? reprit le vieillard.

— Oui ! je suis venu au secours d'un journal important, rédigé par des hommes probes, instruits et bien convaincus, mais qui éprouvaient des embarras dans leur marche, ajouta Ismaïl. Un journal vaut une armée : c'est une puissance formidable qui donne le mot d'ordre à tous, soutient l'ardeur des zélés, stimule les indifférents, relève les défaillants, et se trouve, d'ailleurs, pour tout le monde un point de repère dans la politique à suivre, et un rendez-vous pour se concerter. Le nôtre réussira. Ceux qui marchent avec lui, ceux qui espèrent en lui dans ces mauvais jours commencent à devenir nombreux. Beaucoup sont très-haut placés dans la science et dans les salons.

Voilà le bilan de mes soins : et le vôtre, père? dit Ismaïl au vieillard.

— Moi, répondit le vieillard, je marche sur un sol moins élevé. J'ai simplement puni Pillot et son juge.

— Ah ! fit Ismaïl désappointé... et moi qui voulais les ruiner tous les deux, en établissant à leurs portes une concurrence impossible à écraser.

— Moi, j'ai fait mieux dit le vieillard, je les ai punis, comme tout le monde pouvait le faire, sans argent. Mon châtiment se trouve à la portée de tous. Maintenant, pour plaire à madame de Lusigni qui ne se trouve pas suffisamment vengée de l'outrage que lui a fait subir M. de Bompart, j'ai mis du monde en campagne. Mon plan est dressé de ce côté. D'un autre côté je n'ai pas moins à faire, et j'avise, mais je vous dirai cela plus tard. Oh ! il faut que justice soit faite !

— Justice !... dit Ismaïl d'un ton rêveur, et en s'essuyant le front.

Le vieillard le regarda avec étonnement.

— Encore, Ismaïl ! dit le vieillard en lui prenant les mains. Il y a longtemps que vous ne m'avez pas dit ce mot avec autant de doute. Je vous croyais plus d'énergie et de conviction.

— C'est qu'aussi notre vie est si singulière et si périlleuse ! Se tenir continuellement en révolte contre la société !

— N'abusez pas de ce sentiment, mon ami, car nous ne nous mettons pas en révolte contre

18

la société, Dieu nous en garde! mais contre les méchants. Nous ne nous chargeons, nous, que de punir ceux que la société ne peut pas punir. Nous faisons ce que doit faire la conscience du coupable, nous faisons ce que fait Dieu. Marchons donc alors.

Quant au danger que court notre vie, advienne que pourra! Le devoir n'a qu'un œil, le brave n'a qu'une oreille, et ce n'est pas pour voir et écouter d'où vient le péril.

Nous sommes prudents, d'ailleurs, et nous le serons tant que nous n'aurons pas à notre disposition des tribunaux à ciel ouvert, des prisons, et une armée nombreuse.

Jusque-là cachons-nous, il le faut, et n'en soyons pas humiliés, n'en rougissons pas. Si les *bravi* se cachent derrière les buissons, si les brigands se cachent dans les montagnes, n'oublions pas que les chrétiens, dont nous admirons le courage héroïque, se cachaient dans les catacombes de Rome, pour combattre les lois de leur pays ; n'oublions pas que le voyageur isolé se glisse mystérieusement dans les bois qu'il doit traverser, pour éviter la rencontre des voleurs. Donc, tout homme qui se cache n'est point un *bravo* ; c'est souvent un homme plus faible que ses ennemis, voilà tout.

Nos ennemis, à nous, sont forts, car ils ont pour eux l'oubli ou l'indifférence de la loi qui ne peut les atteindre ; de son côté, la loi jalouse ne veut pas qu'on se serve d'un autre bras que du sien, pour obtenir justice. C'est à nous d'aviser alors, et nous avisons, mon ami. Quel mal voyez-vous là ?

Rappelez-vous vos ennemis, ceux de votre famille ; rappelez-vous ce que vous a raconté madame de Lusigni, ce que je vous ai raconté moi-même, et dites-moi si nous faisons mal de punir ces grands coupables.

Et d'ailleurs, ne sommes-nous pas justes à leur égard ? Les frappons-nous sans raison, par caprice, par préjugé, par passion ? Ne les jugeons-nous pas d'abord ? Leur cause n'est-elle pas plaidée devant nous ? Leur sentence ne leur est-elle pas signifiée avant la peine ? Que voulez-vous donc de plus, Ismaïl, pour chasser de votre esprit cette hésitation malheureuse qui vous perdra, soyez en sûr ? Si vous avez, mon ami, un torrent à franchir sur une étroite passerelle, courez hardiment ; si vous regardez en arrière, vous êtes perdu. Voilà notre position.

Ismaïl n'était pas convaincu, bien qu'il ne répondît rien. Conspirer, frapper de déchéance un gouvernement, qu'il appelait un gouverne-

ment félon, sa conscience ne le lui reprochait
pas. Il marchait haut et fier dans cette voie ;
mais frapper par derrière des hommes désar-
més, appesantir sur leur tête un bras invisible,
ne lui semblait plus un devoir, bien que ces
hommes fussent coupables.

— Mais enfin, dit Ismaïl en relevant la tête
qu'il tenait baissée sous la puissance dominatrice
de son interlocuteur, à quoi tout cela nous con-
duira-t-il ? Que voulons-nous à cette heure ?
Quand on est pauvre, malheureux, souffrant, la
haine et le désir de la vengeance viennent tout
seuls frapper à votre porte ; mais quand on est
riche, quand on peut avoir tous les plaisirs de la
fortune, quand on peut se faire aimer par ses
bienfaits...

Le vieillard interrompit Ismaïl par un regard
sévère.

— Vous êtes donc heureux, vous ? lui dit-il.
Vous avez donc oublié, parce que vous avez des
millions ?

Ismaïl baissa la tête.

— Cessons cette conversation qui me pèse et
qui ne vous est pas agréable, ajouta le vieillard.
Mais écoutez-moi deux minutes encore, car j'ai
à vous rendre compte d'un engagement que j'ai

pris pour vous, et auquel j'espère bien que vous n'oserez pas faillir.

Il y a une société puissante que vous connaissez parfaitement, c'est la société *Aide-toi, le ciel t'aidera*. Dans la première section sont les grands hommes, les hauts personnages, les gens timides aussi, les partisans de la légalité raisonneuse et philosophique. Dans la deuxième sont les *carbonari*, le tiers-état, comme on dirait dans un certain monde. La troisième se compose des hommes d'action.

Vous êtes de la première section. Vous y êtes entré volontairement et de bon cœur, je vous en félicite. Moi, je suis de la troisième, et je désirerais que vous en fussiez aussi : mais vous ne la connaissez pas. Je veux vous dire aujourd'hui son origine. Vous me pardonnerez d'avoir tant tardé. Je ne savais pas si vous étiez mûr pour elle, et je ne voulais vous la montrer que dans sa puissance et en plein exercice.

Il y a quelques années, un jeune homme vint me voir. Je faisais, à cette époque, vous le savez, tout le bien que je pouvais faire. Ce jeune homme était bien malheureux. — Monsieur, me dit-il, je suis jeune, plein d'énergie et de bon vouloir ; j'ai de plus, m'a-t-on dit, quelque savoir, et pourtant je ne peux arriver à rien.

18.

Toutes les portes où je frappe restent fermées devant moi : personne n'est touché de mes besoins. — Pourquoi voudriez-vous, mon cher, lui dis-je, qu'on se dérange pour vous, qu'on renonce à sa tranquillité, à sa paresse, à ses habitudes pour vous ? On ne vous doit rien : chacun pour soi ! — Que faire alors ? me demanda-t-il. — Vous le demandez ! lui répondis-je : si j'étais jeune, moi, dans le besoin, je saurais bien trouver une voie où m'engager.

Ce mot étonna le jeune homme. Il me regarda, la bouche béante.

— Vous avez cherché seul, lui dis-je : adjoignez-vous maintenant un aide, et, si vous êtes bien convaincus, vous arriverez tous deux. — Je ne crois pas, monsieur, me répondit le jeune homme en souriant tristement. L'apport de notre association étant pour chacun zéro, je n'ai jamais vu que deux zéros eussent plus de puissance qu'un seul. — Ceci dépend, lui dis-je, de la manière de vous placer. Deux zéros, pour moi, valent un homme de quelque puissance, quand ils ont une tête et une ferme volonté. Or, si ces deux zéros valent un homme de quelque puissance, que direz-vous de trois, de quatre ou de plus ? — Croyez-vous, monsieur, me dit le jeune homme, toujours souriant, qu'alors toutes

les portes nous seront ouvertes? — Si les portes
ne s'ouvrent pas, lui répondis-je, vous passerez
par les fenêtres.

Eh bien, mon cher Ismaïl, ce jeune homme
a compris. Il a fondé la société du *Triangle*,
qui vient de se greffer sur la société *Aide-toi,
le ciel t'aidera*. Elle en est la troisième section,
celle qui est la plus puissante aujourd'hui. Tout
homme qui n'arrive pas et veut arriver; tout
homme qui a quelque injustice à venger, s'il
offre toutes les qualités convenables de mora-
lité, de savoir et d'activité, peut s'engager là ;
il arrivera par la porte, ou par la fenêtre. C'est
elle qui a puni Pillot et le juge.

Vous ferez partie de cette section, Ismaïl ; je
l'ai promis, et l'on compte sur vous. Bien qu'on
n'ait pas besoin là de fortune, vos boudjous
n'effraieront personne, car ils ne pourront que
mettre les affaires en meilleur train.

Ismaïl fit une petite moue que le vieillard
ne vit pas. Pour se débarrasser de la désespé-
rante logique qui le harcelait depuis une heure,
il regarda tout à coup la pendule :

— Trois heures ! s'écria-t-il avec effroi, et
nous sommes encore là.

# XXVI

## LE 29 JUILLET 1830

Si la section du *Triangle* était puissante et heureuse dans ses œuvres, la première section, celle d'Ismaïl, ne marchait pas moins bon train.

Le coup d'Etat avait eu lieu, malgré tous les avis des gens sages et expérimentés qui vinrent se briser contre la puissance souveraine de Mariette la servante, et les journées des 27, 28 et 29 juillet, que tout le monde connaît, s'en étaient suivies.

Or, le 29 au soir, une petite réunion d'intimes s'était formée chez Bauvallet. On attendait des nouvelles, et on les attendait avec tant d'anxiété, que personne ne disait mot.

Le vieux suppôt du *Triangle*, le démon du sophisme, le tyran d'Ismaïl ou plutôt de Félix, Samuel Vandebeer enfin, était là, assis dans un coin du salon, à côté du docteur Muller, dont les yeux fixes ne quittaient pas d'un seul instant Félicie Stella, ou madame de Lusigni, ou madame de Bompart, qui était en face de lui, assise dans un coin d'une causeuse, le coude appuyé sur un coussin, et la tête cachée dans une main. Son autre main serrait cellé de Paula qui était à ses côtés.

Joseph Rousselet et Bauvallet se regardaient de temps à autre, en poussant un léger soupir, mais sans exprimer autrement leurs craintes ou leurs espérances.

Félix seul manquait à la réunion.

Dix heures vinrent à sonner, lorsque la porte s'ouvrit tout à coup. C'était Félix : il entra tout haletant, un fusil au bras, un sabre de cavalier pendu à sa ceinture. Sa figure était noire de poudre et de sueur, ses vêtements tout déchirés. Il n'avait plus ni sa grande barbe, ni ses longs cheveux gris.

Un cri de joie l'accueillit : tous se précipitèrent vers lui.

— C'est fini ! s'écria-t-il en entrant : vainqueurs et vengés !

— Es-tu blessé, mon ami ? lui dit d'une voix anxieuse madame de Bompart, en le serrant dans ses bras et le couvrant de baisers.

— Point ! dit le jeune homme, en s'arrachant

des bras de sa mère, pour aller se jeter aux genoux de son père qu'il embrassa avec une effusion indicible.

Le vieillard le comprit.

— Mère, dit alors Félix, en se retournant vers madame de Bompart, j'ai vu tomber, sous la balle vindicative de l'ignoble Robert, M. de Bompart, qui se battait avec la rage d'un lion, au milieu des Suisses, et qui cherchait, évidemment, dans les folies du désespoir, une mort qu'il trouva.

— Dieu lui fasse paix ! dit tranquillement madame de Bompart. J'ai attaché sur son front le stigmate de l'ignominie, qu'il avait mérité, en dévoilant devant les tribunaux, devant l'univers entier, toute la honte de son crime. Je prie Dieu maintenant de lui faire grâce en l'autre monde.

Paula, elle, restait anéantie, la figure cachée dans ses mains : Félix n'avait pas un regard pour elle. Il avait cependant deviné son muet désespoir, dont les larmes tombaient goutte à goutte, comme du feu, sur son cœur, à lui. Mais le souvenir de la villa de Neuilly était toujours là.

Il chercha à cacher l'émotion qui le gagnait, malgré tout, en se retournant de nouveau vers

son père. Le vieillard fit effort pour se lever et
aller à lui.

— Père, lui dit Félix, j'ai juré, comme Annibal, mais plus heureux que lui, nous sommes
vengés déjà d'une partie de nos ennemis. Dieu
soit loué! Dieu est juste.

— Merci! dit enfin le docteur, en souriant
péniblement au travers de ses lèvres paralysées,
et prononçant d'une voix presque inintelligible
le nom de Marat.

Pourquoi ce nom à ce moment? Que voulait
dire le pauvre docteur?

Trouvait-il son fils heureux de ne point voir
ce nom dans sa famille? S'applaudissait-il de
n'avoir jamais révélé à Félix qu'il y eût du sang
du célèbre conventionnel dans ses veines? Ou
voulait-il tout simplement dire que la paternité
de cet homme, que la sévérité sociale avait fait
si hideux, avait tenu sur sa tête, à lui, jusqu'à
sa dernière minute, une main maudite? Ou bien
enfin que, quoique fils de Marat, il avait encore
un instant de bonheur, en apprenant que Félix
était entré dans la voie qu'il lui avait tracée.

On ne sait quelle était sa pensée, mais le nom
de Marat, à peine entendu, ne sembla qu'une
hallucination du délire. Ce fut le dernier mot

qu'il prononça. Il retomba lourdement sur son fauteuil. Il était mort...

— A demain, Félix! dit Vandebeer, lorsque les premiers sanglots furent apaisés.

Et il salua pour sortir : mais Bauvallet le retint par le bras.

— A demain! oui, lui dit Bauvallet, à demain, pour rendre les derniers devoirs à cet homme qui fut malheureux pendant toute sa vie, à ce pauvre ami, auquel je dois, pour cela même, pardonner la haine qu'il avait vouée à tout le monde! Mais haïr n'est pas vivre. Félix ne doit plus haïr ; Félix ne doit plus conspirer contre la société.

Malheur à vous, Samuel, si vous n'avez pas oublié un chagrin bien grand, je le confesse, un grand crime, mais un crime durement puni, vous le savez! Que voulez-vous donc, à cette heure? Qui voulez-vous frapper encore? Ah! vous êtes bien à plaindre, si vous ne comprenez pas que l'homme est faible, vicieux même, si vous le voulez, et qu'il faut beaucoup lui pardonner; si vous ne comprenez pas que celui-là seul est bon qui rappelle au bien celui qui s'en écarte, qui montre la bonne voie à celui qui la fuit ; que celui-là seul est sociable qui sait être indulgent.

Oui, je sais votre principe, mais je vous le

dis, quoique je ne sois pas si savant que vous : le jour où la société du *Triangle* triomphera, le jour où chacun sera juge et bourreau dans sa cause, la France périra comme un pays de sauvages.

Non, Félix ne vous verra pas demain, à moins que ce ne soit pour conduire avec vous son père au trou fatal, au fond duquel vous verrez que la haine est bien au moins inutile.

— Vous faites là du sentiment, père Bauvallet, riposta le vieux Samuel ; mais je ne connais, moi, dans la société, que des droits et des devoirs : hors de là pas de justice, et partant pas d'excuse !... A demain, Félix !

Quelques jours après, on trouva Samuel Vandebeer mort dans son splendide appartement. Il était seul, délaissé de tous : il semble que la société voulut lui rendre haine pour haine, en l'abandonnant. Il était riche cependant ; son coffre-fort était rempli d'or et de diamants.

Vivant, sa fortune lui eût fait de nombreux parasites ; mort, il n'eut pas même un chien, pour suivre son luxueux convoi.

Pauvre Vandebeer, pourquoi était-il venu au monde, aussi !

# TABLE